FOLKO KULLMANN

Garten & Balkon
PROJEKTE
für Selbermacher

blv

Was Sie in diesem Buch finden

Kleine Bauprojekte

Warum immer alles neu und fertig kaufen? Selbstgebaute Garten-utensilien, Möbel und Geräte sind viel persönlicher und individueller, egal ob sie aus recycelten oder neuen Materialien aus dem Garten-center oder Baumarkt sind.

Selbst kreativ sein und bauen

Was macht einen Garten oder Balkon besonders und indivuell? Wie können Sie konventionelle Anbaumethoden aufpeppen? Die Projekte in diesem Buch können alle einfach und in einer überschaubaren Zeit – viele sogar in weniger als einer Stunde – gebaut werden. Es sind keine Spezialwerkzeuge notwendig, die man nie wieder brauchen würde und die nur im Keller verstauben. Alle Materialien und das Zubehör bekommen Sie im Gartencenter oder Baumarkt, im Internet, auf Recycling-Höfen oder Flohmärkten und Sammlerbörsen. Keines der vorgestellten kleinen Projekte zum Selberbauen hat mehr als 50 Euro gekostet. Lediglich für größere Umbau- und Umgestaltungsmaßnahmen wie eine Trockenmauer, einen Plattenbelag oder große Sichtschutzelemente müssen Sie in etwas anderen Größenordnungen kalkulieren.

Individuell & ungewöhnlich

Lassen Sie sich inspirieren und übertragen Sie Ideen und Lösungen aus anderen Bereichen in den Garten. Was in der Küche für Ordnung sorgt, funktioniert auch im Gartenregal. Paletten lassen sich nicht nur zum Transport schwerer Güter und Obstkisten nicht nur zur Aufbewahrung von Obst verwenden. Wer mit offenen Augen durch einen Baumarkt, ein Gartencenter, über den Flohmarkt geht oder beim Sperrmüll schaut, wird überrascht sein, wie viele Möglichkeiten sich ergeben, wenn man mal »außer der Reihe« denkt, Alltagsgegenstände umdreht oder von der Waagrechten in die Vertikale stellt.

① **Alte Ideen neu interpretiert** Kein Platz für eine Kräuterspirale? Probieren Sie es doch einmal mit einem Turm aus Kräutertöpfen. Aus Obst- und Weinkisten lassen sich Regale bauen und aus Dosen oder Flaschen entstehen neue Pflanz-Projekte.
Wer Strohballen nur als Einstreu für den Kaninchenstall oder zum Anbauen von Pilzen kannte, wird überrascht sein, dass man auf Stroh auch richtig gut Kräuter und Gemüse anbauen kann – und das auch noch mit weniger Unkraut und Krankheiten. Auch ein Rahmen für ein trendiges Square-Foot-Gardening-Beet wird ab Seite 90 beschrieben.

② **Vertikales Gärtnern** Warum immer auf dem Boden bleiben? Nutzen Sie den Platz an Wänden von Gartenschuppen, Zäunen oder die Seiten von Hochbeeten, um noch mehr leckere Gemüse und aromatische Kräuter anzubauen. Wussten Sie, dass man in Regenrohren, Paletten oder auch in Setzkästen Pflanzen anbauen und pflegen kann?

③ **Hochbeete und Gartenelemente** Hochbeete aus Brettern, Leimholzplatten und Paletten, Sichtschutzelemente und Regale können auch mit wenig handwerklichem Geschick selbst gebaut werden.

④ **Ordnungshelfer** Gartengeräte wie Scheren, Messer und Handschuhe lassen sich mit Alltagsgegenständen wie Kleiderbügeln und Klammern, Wein- und Obstkisten sortieren und verstauen, sodass sie immer griffbereit sind.

Materialbeschaffung

Pflanzen, Substrate, Töpfe und Co gibt es natürlich in Gartencentern und Baumärkten. In Letzteren bekommen Sie auch Bretter, Baumaterial, Werkzeug und Zubehör. Aber auch auf Floh- und Trödelmärkten lässt sich so manches finden, das im Garten zu neuem Leben erweckt werden kann.

Floh- und Trödelmärkte

In großen Orten finden beinahe an jedem Wochenende ein oder mehrere Floh- und Trödelmärkte statt. Aber auch in kleinen und mittleren Städten gibt es zu Anlässen wie Kirmes-

● Floh- und Trödelmärkte mit einem riesigen Angebot gibt es in größeren Städten fast jedes Wochenende.

oder Volksfesten, Rummeln und anderen Veranstaltungen Sammlermärkte, auf denen private wie gewerbliche Anbieter Dinge, die andere nicht mehr brauchen, anbieten. Floh- und Trödelmärkte sind eine wunderbare Quelle für nostalgische, antike Gartengeräte, altes Werkzeug, das vielleicht nicht mehr so schön aussieht, aber im Garten oder auf dem Balkon immer noch zum Einsatz kommen kann und natürlich jede Menge Kisten, Schalen, Töpfe und Gefäße, die für den Bau von Regalen, zur Aufbewahrung von allerlei Kleinkram und zum Bepflanzen geeignet sind. Vergessen Sie nicht zu feilschen, das gehört auf dem Flohmarkt einfach dazu und lassen Sie bei »Antiquitäten« eine gewisse Skepsis walten. Nicht alles, was alt aussieht, hat auch schon 80 Jahre oder mehr auf dem Buckel.

Eine weitere Gelegenheit, Deko-Elemente, Töpfe und Gefäße sowie schöne Gartenutensilien zu erwerben, sind spezielle Gartenmärkte, die in den letzten Jahren an vielen Orten entstanden sind. Sie sind oft mit einer Gartenausstellung, Pflanzenmärkten und anderen Attraktionen verbunden. Manche dieser Märkte, wie der Hamburger Pflanzenmarkt auf dem Kiekeberg, die Erfurter Raritätenbörse oder der Berliner Staudenmarkt, sind mittlerweile so beliebt, dass man schon früh vor Ort sein sollte, will man noch Schnäppchen ergattern.

Die Termine finden Sie am besten im Internet auf den Seiten der bekannten Gartenmagazine und Zeitschriften oder auf privaten Portalen wie www.gartenlinksammlung.de.

Wochenmarkt

Pflanzen für den Garten oder den Balkon vom Wochenmarkt? Aber ja! Viele Wochenmärkte werden nicht nur von Gärtnern, die Obst und Gemüse, Eier und anderes verkaufen, beliefert, sondern auch von Gärtnereien aus der Region, die Beet- und Balkonblumen, Topfkräuter und Gemüsejungpflanzen und -setzlinge zum Verkauf anbauen. Hier bekommen Sie garantiert die frischesten Pflanzen, direkt aus dem Gewächshaus oder der Produktionsfläche, ohne langen Transportstress und ohne Überwässerung. Vor allem bei Gemüse werden oft spezielle Sorten, die in Ihrer Region besonders gut gedeihen, angeboten oder ungewöhnliche Sorten, die man im Gartencenter nicht bekommt.

TIPP

Pflanzen vom Wochenmarkt, die von Gärtnereien aus der unmittelbaren Umgebung und Region angeboten werden, haben in der Regel kürzere Transportwege hinter sich, da sie ja nur aus dem Anzuchtgewächshaus bis auf den Markt gebracht werden müssen. Fragen Sie vor dem Kauf aber, ob es sich um selbstgezogene oder zugekaufte Pflanzware handelt. Achten Sie darauf, dass die Jungpflanzen nicht zu groß sind – kompakte Pflänzchen wachsen im Beet oder Balkonkasten zügiger weiter als solche, die viele Wochen im Anzuchttopf standen.

✸ Auf Wochenmärkten bieten nicht nur Obst- und Gemüseanbauer und -händler ihre Waren an, sondern auch viele Gärtnereien und Gartenbaubetriebe aus der Region.

Gartencenter, Gärtnereien und Baumärkte

Gartencenter

Groß ist das Angebot unterschiedlichster Pflanzen in Gartencentern, seien es inhabergeführte oder große Ketten. Hier bekommen Sie in der Regel eine gute Auswahl und auch qualitativ hochwertige Pflanzen, dazu eine Menge an Zubehör, Gartenwerkzeug, Töpfe, Substrate und Dünger. Da Gartencenter zur Saison fast jede Woche neue Ware geliefert bekommen, lohnt es sich, oft vorbeizuschauen. So entdecken Sie nicht nur immer wieder neue Pflanzen, unter ihnen zunehmend auch besondere oder ungewöhnliche Sorten, auf »alte« oder »überständige« Exemplare, abgeblühte Stauden oder Rosen und Blütensträucher werden immer wieder satte Rabatte gewährt. Kleiner Tipp: Wenn Sie vor einem Wochenende oder einem Feiertag im Gartencenter (oder einem Baumarkt) einkaufen, sollten Sie früh kommen. Die Pflanzen werden nämlich kurz vor Feierabend noch einmal kräftig gegossen, damit sie den oder die kommenden Tage ohne Bewässerung gut überstehen. Wenn Sie also auf schwere, triefnasse Töpfe im Kofferraum verzichten möchten, ist ein Einkauf am Vormittag auf jeden Fall empfehlenswert.

Gärtnereien

In kleineren Gärtnereien vor Ort ist die Auswahl oft nicht ganz so groß, dafür kennen die Gärtner die Pflanzen, die selbst angezogen wurden, viel

❋ Schnäppchenjagd im Gartencenter: Schauen Sie zum Saisonende gezielt nach reduzierten Restposten.

❋ In gut sortierten Spezialgärtnereien finden Sie ein großes Angebot auch ungewöhnlicher Pflanzen.

besser und können Sie genau beraten. Meist sind die Pflanzen auch robuster und besser ans Klima angepasst, da sie bereits unter den hiesigen Bedingungen herangezogen wurden.

Baumärkte

Werkzeug, Geräte, Material zum Bauen und Basteln – Baumärkte sind wahre Einkaufsparadiese, in denen man sich lange aufhalten kann. Machen Sie sich vor dem Einkauf eine genaue Liste der Dinge, die Sie brauchen – das bewahrt Sie vor unnötigen Überflusskäufen. Denn angesichts der Fülle an Waren und Sonderangeboten verliert man schnell den Überblick. Zuhause angekommen stellt man dann fest, dass man viel zu viel eingekauft hat und auch noch einiges, was man eigentlich gar nicht braucht.

Internet

Besonders wenn Sie von einem bestimmten Material wie Wein- oder Obstkisten eine größere Menge brauchen, z.B. für ein Gartenregal, ist es besser, alle auf einmal von einem Anbieter zu kaufen. Sie unterscheiden sich in den Maßen oft leicht, was das Zusammenbauen erschwert. Auf den folgenden Internetportalen werden Sie auf jeden Fall fündig.

www.markt.de; kleinanzeigen.ebay.de
www.quoka.de; www.dhd24.com

Natürlich bieten auch viele Händler ihre Waren über die großen Shopping-Portale wie Amazon oder Ebay an.

✽ Fragen Sie in Recyclinghöfen und Industriebetrieben nach ausgedienten Paletten zum Bau von Hochbeeten, vertikalen Pflanzwänden, Gartenmöbeln oder Sichtschutzelementen.

Werkzeuge und Geräte

Kein Balkon und kein Garten kommt auf Dauer ohne eine gewisse Grundausstattung an verschiedenen Werkzeugen aus. Basteln, Bauen und Gartenarbeiten machen aber nur dann Spaß, wenn man das richtige und geeignete Arsenal an Geräten und Werkzeugen zur Hand hat. Bei der Fülle faszinierender Werkzeuge und Gerätschaften, die das Gartencenter- und Baumarktsortiment beinhalten, fällt es nicht immer leicht, die richtige Ausstattung zusammenzustellen. Hier finden Sie eine Übersicht, was Sie auf jeden Fall im Werkzeugschrank haben sollten, wenn Sie die Projekte in diesem Buch bauen möchten.

✺ Standardwerkzeug wie Schraubendreher sind zum Selberbauen unverzichtbar.

Die richtige Auswahl

Beim Kauf von Gartengeräten und Werkzeug sollten Sie nicht sparen. Viele Geräte gibt es in Billigversionen oder in teuren, qualitativ hochwertigen Ausführungen. Maßgeblich für die Entscheidung sollten ergonomische Aspekte, aber auch die voraussichtliche Nutzungshäufigkeit sein. Ein guter Spaten oder eine hochwertige Rosenschere halten ein Leben lang und werden häufig benutzt. Andere Geräte, die seltener benötigt und nicht so stark beansprucht werden, kann man dafür preiswerter erstehen.

Kombigeräte

Gartengeräte mit Wechselstiel sind nur für Werkzeuge sinnvoll, die Sie selten benötigen. Bei regelmäßiger Nutzung wird dieses Stecksystem im Garten schnell lästig. Auch Schraubendreher-Sets, bei denen in einen Griff verschiedene Bit-Aufsätze gesteckt werden, sind nur dann etwas, wenn man ein- oder zweimal im Jahr eine Schraube anbringen möchte.

Werkzeug-Grundausstattung

Ein gut sortierter **Werkzeugkasten** mit den wichtigsten Utensilien gehört in jeden Haushalt. Kästen aus Metall sind stabiler als solche aus Kunststoff, bei denen auch die Griffe leicht abbrechen. Im Werkzeugkasten darf natürlich ein **Hammer** nicht fehlen. Am besten haben Sie zwei verschiedene zur Hand: einen Stahlhammer mit Geißfuß zum Einschlagen (und Ziehen) von Nägeln und einen Gummihammer für Arbeiten, bei denen die Aufschlagfläche größer ist wie zum Einschlagen von Holzpflöcken in den Boden. Perfekte Helfer zum Festhalten von Nägeln sind **Wäscheklammern** aus Holz, mit denen man einen Nagel, der in eine Wand oder ein Brett eingeschlagen werden soll, fixieren kann. Blau geschlagene Finger gehören dann der Vergangenheit an.

Zum Entfernen von Nägeln, zum Durchkneifen von Draht und zum Lösen fester Drahtverzwirbelungen darf eine **Kombizange** nicht fehlen.

Damit Regale, Leisten, Bretter oder Rankgerüste richtig ausgerichtet und im Lot an einer Wand oder Mauer angebracht werden können, ist eine **Wasserwaage** unverzichtbar.

Zum Abmessen dient ein **Zollstock** oder **Metermaß**. Damit Sie Bohrlöcher oder Sägelinien markieren können, ist ein Bleistift samt Spitzer sinnvoll. Maßbänder aus Metall können sich mit der Zeit verziehen, ein klassischer Glieder-Maßstab aus Holz ist am besten geeignet.

Zum Eindrehen von Schrauben brauchen Sie eine gewisse Anzahl an **Schlitz- und Kreuzschraubendrehern.** Dazu ein Satz kleiner Schraubendreher und für Fortgeschrittene ein Satz Torx-Schraubendreher, da diese Schraubenform immer häufiger angeboten wird. Nichts ist lästiger, wie wenn man nach dem Einkauf im Baumarkt zu Hause feststellt, dass man aus Versehen die falschen Schrauben gekauft hat und der passende Schraubendreher fehlt – und es Samstagnachmittag nach Ladenschluss ist.

Sechskantige **Inbusschlüssel** sind zwar für den Bau der hier beschriebenen Projekte nicht notwendig, sollten aber trotzdem bei der Grundausstattung nicht fehlen.

Zum Lösen von Schrauben und Muttern ist ein Satz mit **Ring-Maul-Schlüsseln** mit Standard-Schlüsselweiten zwischen 6–32 mm für Hobby-Handwerker ausreichend.

Wer gerne und viel werkelt, sollte die Anschaffung eines **Akkuschraubers** überlegen. Man spart nicht nur viel Zeit, sondern auch Kraft und bewahrt sich vor einer Sehnenscheidenentzündung nach dem Setzen vieler Schrauben. Es gibt sogar Modelle, die magnetische Bits haben, sodass die Schrauben nicht wegfallen und bei denen die Schraubstelle beleuchtet wird.

Zum Schneiden von Vlies, Folie, Karton und Klebeband sind **Schere, Teppich-Cutter** oder **Messer** sinnvoll.

Als kleine Zugabe ist ein **Magnet** ein praktischer Helfer, um Schrauben, Nägel und andere kleine Metallteile, die beim Arbeiten hinter Möbel oder an schwer zugängliche Stellen gefallen sind, hervorzuholen – oder sie mit einem Magnet an einer Schnur vom Boden zu angeln, wenn man hoch auf einer Leiter steht.

Eine **Bohrmaschine** mit einem Bohrerset aus Holz-, Metall- und Steinbohrern gehört ebenfalls zur Grundausstattung eines Hobbyhandwerkers. Wer in massive Ziegel- oder sogar Betonwände bohren möchte oder muss, sollte sich von vornherein eine leistungsstarke Schlag- oder Hammerbohrmaschine anschaffen.

Damit Sie nicht jedes Mal, wenn Sie etwas befestigen oder Aufhängen möchten, in den Baumarkt fahren müssen, kaufen Sie sich ein vorgepacktes Set unterschiedlicher **Schrauben**, **Haken**, **Ösen**, **Klammern**, **Nägel** und **Stecknadeln**. Machen Sie sich nicht die Mühe, alles selbst zusammenzustellen.

Gartenwerkzeuge und Geräte

Ein Blumengarten, eine Hecke an der Grundstücksgrenze oder ein bepflanzter Balkon – je nachdem, wie der Garten oder der Balkon gestaltet ist und genutzt wird, brauchen Sie bestimmte Geräte und können wiederum auf andere verzichten. Wer kein Gemüsebeet hat, braucht kein Profi-Sortiment an Bodenbearbeitungsgeräten, und wer keinen Rasen hat, braucht keinen Laubrechen. Richten Sie sich bei der Auswahl und beim Kauf danach. Selten benutzte Geräte oder größere Maschinen kann man auch leihen.

Eine **Gartenschere** ist das wichtigste Werkzeug des Gärtners. Es gibt Backen- und Ambossscheren. Letztere sind weniger gut geeignet, da beim Schneiden die Rinde gequetscht werden kann. Probieren Sie eine Schere auf jeden Fall aus, sie sollte gut in der Hand liegen und leicht zu öffnen sein. Es gibt außerdem Modelle für Rechts- und Linkshänder und solche für große und kleine Hände. Hochwertige Scheren halten viele Jahre und können mit Ersatzteilen repariert oder ergänzt werden.

✳ Mit einem selbstgebauten, tragbaren Tablett haben Sie kleine Gartenutensilien immer aufgeräumt, gut sortiert und schnell dort zur Hand, wo sie gerade gebraucht werden.

Mit einer guten **Gartensäge** mit einem schmalen oder gebogenen Sägeblatt – eine Klappsäge reicht für dan Anfang – können Sie nicht nur Äste und dickere Zweige, sondern auch Latten und Pflöcke oder Kanthölzer sägen. Zum Sägen von breiteren Brettern ist eine **Fuchsschwanzsäge** mit einem breiten Sägeblatt besser geeignet, da mit ihr ein gerader Schnitt leichter zu bewerkstelligen ist.

Handschaufel, **-grabegabel**, **Unkrautstecher** und **Handrechen** lassen sich vielseitig auf Balkon und Terrasse und im Garten einsetzen. Kaufen Sie keine Billigteile, die sich nach kurzer Zeit in ihre Einzelteile auflösen. Modelle mit Griffen aus Holz fühlen sich besser an als jene mit Metallgriffen, da diese unangenehm kalt in der Hand liegen. Schaufeln mit Kunststoffgriffen können sich nach einiger Zeit feucht und verschwitzt anfühlen. Tipp: Befestigen Sie ein buntes Klebeband am Griff, damit Sie Ihr Handwerkzeug im braunen Beet oder zwischen grünen Pflanzen schneller wiederfinden.

Zur unverzichtbaren Grundausstattung zur Bodenbearbeitung gehören auf jeden Fall auch noch ein solider **Spaten**, eine **Grabegabel**, eine **Harke**, eine **Unkrauthacke** und ein **Kultivator**, auch Drei- oder Vierzahn genannt.

Dazu noch einen **Rechen** und einen **Laubbesen**, wenn Sie eine Rasenfläche haben, und einen normalen **Besen** mit robusten Borsten. Wichtig bei allen Geräten mit langen Stielen ist die richtige Länge. Ist der Stiel zu kurz, arbeitet man stets in einer gebückten Haltung, was sich schon bald mit Schmerzen im unteren Rücken bemerkbar macht. Probieren Sie im Gartencen-

---

TIPP

Bei größeren und selten benutzten Gartengeräten und Werkzeugen sollten Sie sich vor einer Anschaffung überlegen, ob Sie sie wirklich brauchen und einen geeigneten Lagerplatz haben. Wer sich gut mit seinen Nachbarn oder Mitbewohnern versteht, sollte eine gemeinsame Anschaffung ins Auge fassen. So kann man sich nicht nur die anfallenden Kosten für eine ggf. nötige Wartung teilen, sondern auch wertvollen Stauraum. Spezialmaschinen wie Minibagger, Betonmischer oder Rüttelstampfer leiht man ohnehin besser im Baumarkt aus.

---

ter verschiedene Geräte aus, um ein Gefühl dafür zu bekommen, welche Stiellänge für Sie optimal ist. Im Zweifelsfall wählen Sie lieber einen etwas längeren als einen kürzeren Stiel.

Zur Bewässerung brauchen Sie auf jeden Fall eine oder besser zwei **Gießkannen** mit einem abnehmbaren Brauseaufsatz oder einen **Gartenschlauch**.

Zum Transport von Pflanzen, Werkzeug und Material ist in einem größeren Garten eine **Schubkarre** ratsam. Wer weniger Platz hat, kommt auch mit **Eimern** oder **Gartenkörben** aus.

Draht und **Schnur** (nicht aus Kunststoff) dienen als Bindematerial. Besonders praktisch sind **Drahtkordeln**, mit Papier umwickelte Drahtstücke, zum Befestigen und Aufbinden.

Sicherheit

Verletzungen im Garten oder der Werkstatt haben viele Ursachen. Falsche Arbeits- oder Schutzkleidung und ein fehlender Sicherheitsschutz sind die Hauptgründe.

Tragen Sie im Garten immer feste, geschlossene **Gartenschuhe**, **Gummistiefel** oder **Sicherheitsschuhe** mit eingebauten Metallkappen, das ist bei allen Gartenarbeiten ratsam. Auch **lange Hosen** und **Hemden** schützen vor kleineren Schnitten oder Kratzern, wenn einmal ein Messer ausrutscht oder dornige Zweige geschnitten werden. Die Schuhe sollten auch eine gute Profilsohle haben, damit man bei Nässe nicht so leicht ausrutscht.

Handschuhe sind bei vielen Arbeiten Pflicht. Feste **Lederhandschuhe** schützen vor Spreißeln und Kratzern, **Gummihandschuhe** bewahren die Haut vor Reizungen, wenn man mit Düngern, Pflanzenschutz- und -stärkungsmitteln und anderen Chemikalien wie Holzschutzmitteln oder Farbe arbeitet.

Eine **Schutzbrille** und eine **Staubmaske** sind vor allem dann hilfreich, wenn man Holz schleift. Sie verhindern, dass Holzstaub und Sägespäne in die Augen oder Nase gelangen.

Verbandskasten-Material

- Heftpflaster-Spule mit thermoresistentem Kleber
- Wundschnellverband
- Fingerkuppenverband
- Pflasterstrips in verschiedenen Größen
- mehrere Verbandpäckchen
- Verbandtuch
- Kompressen
- Augenkompressen
- Rettungsdecke
- Fixierbinde
- Dreiecktuch
- Schere
- Folienbeutel
- Vlies
- medizinische Einmalhandschuhe
- Erste-Hilfe-Broschüre

Im Gegensatz zum Arbeiten am Schreibtisch oder im Hobbyraum, wo man bequem am Tisch sitzt, fehlt beim Werkeln im Garten oft der feste Stand. Man arbeitet im Stehen oder sogar in der Höhe auf Leitern oder Trittstühlen. Dazu kommen dann noch scharfe Werkzeuge wie Scheren oder Sägen. Achten Sie vor allem bei elektrischen Geräten wie Heckenscheren, dass sie regelmäßig gewartet werden und auch scharf sind. Unscharfe Heckenscheren erschweren die Handhabung, da man zu viel Druck ausübt und man dann mit der Hand abrutschen kann. Dasselbe gilt für stumpfe Messer. Sorgen Sie beim Arbeiten auf Leitern für festen Stand auf dem Untergrund. Ist dieser weich oder uneben, beispielsweise Rasen, legen Sie ein breites Brett unter die Holme. Idealerweise hält immer eine zweite Person die Leiter an der Basis vom Boden aus fest.

Legen Sie scharfe und spitze Gartenwerkzeuge nicht auf dem Boden ab. Sie werden zu Verletzungsfallen, wenn man aus Versehen in sie hineintritt. Wichtig ist auch eine ausreichende Beleuchtung der Arbeitsfläche. So können Sie nicht nur genauer arbeiten, sondern sehen, wo Sie schneiden, sägen oder bohren. Und nehmen Sie sich genug Zeit. »Mal eben schnell« gemachte Tätigkeiten sind weniger sorgfältig ausgeführt, und vor allem steigt das Unfallrisiko unter Zeitdruck. Machen Sie Pausen! Verwenden Sie das richtige Werkzeug. Stumpfe Beitel können leichter abrutschen, genau wie zu große oder zu kleine Schraubendreher und Schrauben- oder Ringschlüssel. Und geht doch einmal etwas schief: Ein Verbandskasten gehört in jeden Gartenschuppen oder Hobbyraum.

TIPP

Ordnung halten: Verstauen Sie spitze und scharfe Werkzeuge im Werkzeugkasten oder der Aufbewahrungskiste so, dass Sie sich beim Hineingreifen nicht unabsichtlich an Klingen, Sägeblättern oder Spießen stechen. Ein aufgesteckter Korken kann spitzes Werkzeug entschärfen. Auch sollte der Fußboden in der Werkstatt oder auf der Terrasse, wenn Sie im Freien arbeiten, immer frei von Stolperfallen sein. Werkzeug nicht auf dem Boden liegen lassen, nach Gebrauch verräumen, Stromkabel so legen, dass sie keine Hindernisse sind, und Müll gleich entsorgen.

✳ Tragen Sie bei Arbeiten wie Streichen und Lasieren immer Schutzhandschuhe und gegebenenfalls auch eine Schutzkleidung wie eine Schürze.

Sichtschutz

Sichtschutz ist vor allem auf dem Balkon oder in einer Reihenhaussied-
lung ganz besonders wichtig. Wer mag sich schon von den Nachbarn oder
Passanten auf den Liegestuhl oder Frühstückstisch schauen lassen? Die
folgenden Projekte sind einfach und schnell umgesetzt und sorgen im
Handumdrehen für Privatsphäre.

Schneller Sichtschutz

Ohne Privatsphäre fühlt man sich im Garten nicht wohl. Sicht- und Windschutz hält fremde Blicke fern, verdeckt unschöne Elemente und sorgt für ein Gefühl von Geborgenheit und Sicherheit im Garten.

① **Mobiler Sichtschutz auf Rollen.** Dieses mobile Sichtschutzelement besteht aus mehreren Pflanzkübeln, zwischen denen Holzbretter als Sitzbank angebracht sind. In den Kübeln sind Rankgitter befestigt (siehe Seite 32), an denen sich Kletterpflanzen emporhangeln. Lieben Sie Abwechslung, dann werden die Kübel jedes Jahr neu mit einjährigen Kletterpflanzen wie Prunkwinde (Bild), Rosenmantel, Glocken-

rebe oder Schwarzer Susanne bepflanzt. Mehrjährige Arten wie Wilder Wein, Efeu, Kletter-Hortensie und Trompetenblume klettern mit Haftwurzeln oder Haftranken, sie werden an der Kletterhilfe angebunden. Rankende und schlingende Arten wie Glyzine (Blauregen), Geißblatt (Jelängerjelieber), Clematis und Wein halten sich an den Rankgerüsten mit ihren schlingenden Trieben oder Ranken selbst fest.

② **Transparente Wände aus Weidenruten.** Zwischen senkrecht im Boden verankerten Stangen aus Eisen werden lange Weiden- oder Haselnussruten verflochten. So entsteht ein transparenter Sicht- und Windschutz, der mit Kletterpflanzen berankt auch als Raumteiler im Garten eingesetzt werden kann.

③ **Sichtschutz nach oben.** Nicht nur zu den Seiten, auch nach oben ist manchmal ein Schutz nötig, zum einen gegen grelle Sonne, zum anderen auch vor neugierigen Blicken der Nachbarn aus den oberen Stockwerken. Zwischen zwei Spanndrähten oder Schnüren gespannte Stoffbahnen sind leicht und können schnell auf- und abgezogen werden. Passende Tischläufer machen das Farbthema perfekt.

④ **Feste Sichtschutzwände.** Aus imprägniertem Holz gefertigte Sichtschutzelemente wirken viel ansprechender und lebendiger, wenn sie mit einer frischen Farbe gestrichen werden oder von Kletterpflanzen begrünt sind. Hier harmonieren sie sogar mit der Bepflanzung aus gelben Tulpen und violettem Zierlauch.

TIPP

Beim Aufstellen von Sichtschutzwänden müssen Sie wie beim Pflanzen von Hecken und Bäumen die von Ort zu Ort leicht unterschiedlichen Regelungen zum Grenzabstand beachten. Auskunft kann die örtlichen Behörde, meistens ist das Baurechtsamt zuständig, erteilen. Sprechen Sie auch mit Ihren Nachbarn, denn ein Sichtschutz hat ja immer zwei Seiten und was auf Ihrer Seite kühlen Schatten spendet nimmt vielleicht dem Nachbarn die Sonne im Gemüsegarten. Bevor es zu Streitigkeiten über Form, Farbe oder die Höhe kommt, ist es immer besser, vorher miteinander zu reden.

Geländerverkleidungen

Transparente Geländer haben Vor- und Nachteile. Einerseits wirken sie leicht und luftig. Der Balkon erscheint großzügiger, da man nicht nur über das Geländer blicken kann, sondern auch hindurch. Und man kann Blumenkästen und -töpfe auf den Boden davor stellen und sie begrünen. Weniger schön ist jedoch die Tatsache, dass nicht nur Aus-, sondern auch Einblicke möglich sind und es auf einem so offenen Balkon auch ganz schön zugig zugehen kann.

Abhilfe schaffen Sie mit einer Verkleidung, die aus unterschiedlichen Materialien bestehen kann. Die gängigsten und am einfachsten aufzubauenden sind folgende:

● **Stoffbahnen**, die am oberen Geländerrand befestigt oder zwischen den Streben durchgeflochten werden. Es gibt sie fertig in vielen Mustern und Farben. Hier ist jedoch eine gewisse Zurückhaltung angesagt, denn zu bunt sollten sie nicht sein. Je auffälliger und greller, desto schneller werden Sie sich an der Verkleidung sattsehen. Viel besser sind Klassiker aus weiß-blau, gelb-weiß, rot-weiß oder grün gestreiftem Stoff. Horizontale Streifen lassen den Balkon etwas größer erscheinen, da sie den Blick »in die Breite« ziehen. Senkrechte Streifen bieten sich vor allem bei langen, schmalen Balkonen an, da sie den Raum kompakter wirken lassen.

● Stoffbahnen aus wetterfestem Kunststoffgewebe lassen sich mit Schnüren ganz leicht und schnell am Geländer befestigen. Der Vorteil: Sie können sie ebenso einfach auf- wie abbauen. Abwechslung ist also kein Problem.

- **Schilf- und Bambusmatten** gibt es von der Rolle oder in vorgefertigten Längen. Auch die Breite (Höhe) ist variabel, sodass Sie genau die für Ihr Geländer optimale wählen können. Schilfmatten halten nicht so lange wie Bambus und müssen meist schon nach dem zweiten Winter ausgetauscht werden. Das gilt auch für Heidekrautmatten, die wegen ihrer Dicke nach Regen schlecht trocknen.
- **Bast- oder Strandmatten** sind perfekt, um als Balkon-Projekt zweckentfremdet zu werden. Sie sind flexibel, mit einem schönen Saum versehen, der die Ober- und Unterkante bildet, und sie können mit Acrylfarben angemalt oder bedruckt werden: klassisch im Streifenmuster oder mit abstrakten Blüten, Blättern und Zweigen – Ihrer Fantasie sind keine Grenzen gesetzt.

TIPP

Legen Sie beim Bemalen von Bastmatten oder Stoffbahnen unbedingt eine Unterlage unter das Material. Die feuchte Farbe dringt durch das Gewebe durch und gelangt auf den Unterboden bzw. die Unterlage. Gerade wetterfeste Farben lassen sich nicht wieder so einfach entfernen. Auch beim Lackieren mit Spray müssen Sie darauf achten, dass keine Farbpartikel abdriften können und sich woanders niederschlagen. Halten Sie einfach ein großes Stück Pappe hinter das zu besprühende Objekt, und schon verhindern Sie unerwünschte Farbkleckse in der Umgebung.

❋ An senkrechten Geländerstreben können Sie ganz einfach Stoff- oder Bastmattenbahnen durchfädeln. Mit einer Schnur oder Kabelbindern werden sie oben so befestigt, dass sie nicht nach unten rutschen.

Sichtschutz mit Pflanzen

Wer sich im Garten, auf Balkon und Terrasse oder in seinem Innenhof entspannen will, möchte dabei nicht unbedingt im Blickfeld von Nachbarn oder Passanten liegen. Ein einfacher Sichtschutz lässt sich natürlich mit einer Schilfrohrmatte, einem stoffbespannten Paravent oder einem Vorhang schaffen. Schöner und natürlicher schützen jedoch Pflanzen vor störenden Blicken. Bei der Auswahl zählt nicht nur der persönliche Geschmack, sondern auch der Standort. Sonnig oder schattig? Windig oder geschützt? Lassen Sie sich am besten in einer Gärtnerei vor Ort beraten, denn dort weiß man aus Erfahrung, welche Pflanzen in ihrer Region besonders gut gedeihen.

✸ Triste Sichtschutzwände aus Holzplanken lassen sich einfach mit Topfpflanzen verschönern.

Ein weiterer Aspekt bei der Auswahl der Arten ist die Frage: immergrün oder sommergrün? Immergrüne Arten wie Efeu, Lorbeerkirsche oder Eibe bieten zwar ganzjährig Sichtschutz, wirken aber durch die dunkle Belaubung schnell trist und düster. Sommergrüne Arten werfen im Herbst das Laub ab und lassen dann das wenige Sonnenlicht durch. Sie bieten quasi Sichtschutz nur dann, wenn er auch benötigt wird – im Dezember wird man kaum leicht bekleidet auf dem Balkon in der Sonne liegen.

Sichtschutz nach allen Seiten

Achten Sie darauf, dass Sie nicht nur zu den Seiten, sondern auch nach oben für Privatsphäre sorgen. Vor allem in der Stadt können Sie mit berankten Netzen und hohen Pflanzen auf Balkon und Dachterrasse die Blicke neugieriger Nachbarn aus höher gelegenen Stockwerken fernhalten.

Bambus und Gräser

Der hohe schlanke Wuchs und das frischgrüne Laub machen Bambus und hohe Gräser wie das Chinaschilf (*Miscanthus*) zu idealen Sichtschutzpflanzen bei begrenzten Platzverhältnissen. Ohne Rhizomsperre können Sie Bambusarten wie den Schirmbambus (*Fargesia*) bedenkenlos auch an den Rand der Terrasse setzen. Bei allen gilt: Ein Vlies im Winter schützt vor Austrocknung, vor allem bei Kübelpflanzen.

✷ In kleinen Innenhöfen sind hohe, schlanke Gewächse wie dieser Bambus gefragt. Sie schirmen störende Einblicke von oben ab und ermöglichen ungestörtes Entspannen auf den Liegestühlen.

Indoor-Outdoor-Vorhang

Materialliste

- Bambusvorhang bzw. Rollo
- Kabelbinder
- Schere
- Bei Bedarf: Haken oder Knauf zum Befestigen der Zugschnur

Mit diesem Rollo, das eigentlich für drinnen gedacht ist, schaffen Sie auf Ihrem Balkon im Handumdrehen eine ganz besondere Wohlfühlatmosphäre. Das Rollo sorgt für Sichtschutz zu den Nachbarn, filtert die grelle Sonne in der Mittagszeit und sorgt für eine ganz besondere Lichtstimmung. Das Material ist relativ wetterfest

✳ Wohnzimmerfeeling auf dem Balkon: Das Bambusrollo sorgt für behaglichen Sicht- und Windschutz.

und hält durchaus zwei oder drei Sommer, wenn es nach einem Regen schnell abtrocknen kann: Einfach herabrollen lassen und die Sonne übernimmt diese Aufgabe. Hat die Sonne die Holzstäbchen ausgebleicht, können Sie mit einer auffrischenden Lasur oder einem Holzöl die Optik neu beleben. Dazu wird das Rollo am besten abmontiert, auf eine undurchlässige Unterlage gelegt und das Holzöl von beiden Seiten mit dem Pinsel aufgetragen.

① Ein Fertigrollo aus dem Baumarkt und eine Handvoll Kabelbinder. Mehr brauchen Sie nicht.

② Fädeln Sie die Kabelbinder durch die am Rollo angebrachten Aufhängeösen. Wenn die Kabelbinder zu kurz sind, können Sie auch einfach zwei oder drei miteinander verbinden. Hier wurden zwei Binder zusammengesteckt, um das Rollo an einer Querstrebe über dem Geländer zu befestigen. Alternativ könnten Sie das Rollo auch mit Haken an der Decke des Balkons darüber fixieren.

③ Mit einer Schere oder einem scharfen Messer werden die überstehenden Enden der Kabelbinder abgeschnitten. Vorsicht, nicht zu dicht, sonst rutschen die Binder aus der Öse.

Damit das fertige Rollo auch in der hochgezogenen Position hält, ist ein Haken oder Knauf in nötig, an dem Sie die Zugschnur festbinden können. Wenn der Vorhang als permanenter Sicht- und Windschutz dient, kann er auch dauerhaft heruntergelassen seinen Dienst erfüllen.

Rankgerüst aus Netz und Bambus

Aus einem Netz, wie man es für Kinderspiel- oder Sportgeräte nutzt, und vier Bambusstangen können Sie ein stabiles und doch leichtes Rankgerüst bauen. Durch das geringe Gewicht ist es ideal für den Balkon, und durch seine Größe bietet es dort auch einen idealen Sicht- und Windschutz, wenn die Pflanzen emporgewachsen sind. Zur raschen Begrünung eignen sich auf dem Balkon oder der Terrasse besonders gut einjährige Kletterpflanzen wie die Schwarze Susanne, Rosenmantel, Glockenrebe, Prunkwinde und Duft-Wicken.

① Fädeln Sie das Netz auf die Bambusstangen, indem Sie den Stab abwechselnd durch die Maschen am Rand schieben. An den Enden wird in das Bambusrohr mit einem Akku- oder

Materialliste

- 4 lange Bambusstangen, max. 2 m
- Netz, ca. 2 m × 2 m
- Kabelbinder oder Schrauben mit Muttern
- Akkubohrer
- Akkuschrauber oder Schraubendreher
- Bindedraht
- Pflanzkasten
- Dränagematerial und Vlies, Pflanzerde
- Kletterpflanzen
- Latte zur Stabilisierung oben

Zeitbedarf
- 2 Stunden

Handbohrer ein Loch gebohrt, durch das ein Kabelbinder oder eine Schraube mit Gegenmutter gesteckt wird, damit eine stabile Eckverbindung entsteht.

② Stellen Sie das Rankgitter ans Geländer oder die Hauswand, wenn der Pflanztrog dort platziert wird. Am Geländer können Sie das Rankgestell mit Kabelbindern oder Bindedraht befestigen oder an einem waagrechten Balken wie hier. An einer Hauswand verwenden Sie besser in die Wand geschraubte und gedübelte Haken. Wenn Sie zur Miete wohnen, müssen Sie den Haus- oder Wohnungseigentümer fragen, ob Sie in die Fassade bohren dürfen.

③ Füllen Sie eine etwa 5 cm dicke Schicht Blähton in den Pflanztrog, darüber kommt ein Dränagevlies, das verhindert, dass die Blumenerde beim Gießen in die Dränage gespült wird und diese verstopft. Füllen Sie den Kasten nicht komplett, die Wurzelballen bringen auch noch Volumen mit ins Pflanzbeet. Zudem sollte noch Platz für einen Gießrand von mindestens 3–4 cm vorhanden sein.

④ Ziehen Sie die Pflanzen vorsichtig aus dem Topf (hier eine Glockenrebe oder Cobaea) und setzen Sie sie in den Pflanzkasten. Für diesen 120 cm langen Kasten reichen zwei Exemplare. Dann wird mit Erde aufgefüllt, bis etwa 3 cm unterhalb der Trogkante, damit das Gießwasser nicht überläuft, sondern langsam versickern kann. Die Triebe einfach in die Maschen flechten, sie finden schnell eigenen Halt.

Rankhilfe aus Holz und Drahtgeflecht

Dieser Pflanztrog mit integriertem Spalier ist auf Rollen montiert. So können Sie die Pflanzen verschieben, z. B. wenn Sie den Terrassenbelag säubern möchten oder die Blüten verwelkt und abgefallen sind. Je nach Geschmack können Sie alles mit farblosem Holzlack oder einer Lasur einlassen oder bunt anstreichen.

① Damit das Holz von innen nicht durch die feuchte Erde angegriffen wird, sollten Sie den Kasten, wenn er aus unbehandeltem Holz ist, vorher mit einer Teichfolie auskleiden. Schrauben Sie danach die senkrechten Latten von innen an die Seitenwände des Pflanzgefäßes. Wenn es beim Anschrauben etwas eng wird, und Sie mit dem Akkuschrauber nicht genug Platz haben, verwenden Sie besser einen kurzen Schraubendreher. Wenn Sie zwei oder sogar besser drei senkrechte Latten pro Seite anbringen, wird die Konstruktion stabiler.

② Wenn der ganze Rahmen fertig zusammengeschraubt ist, auch die Latte, die den oberen waagrechten Abschluss bildet, wird der Pflanzkasten lasiert oder gestrichen. Stellen Sie ihn dazu auf ein großes Stück Pappe oder eine Plane, damit der Untergrund nicht durch Farbkleckse verschmutzt wird.

③ Ein grobmaschiges Drahtgitter dient als Rankgerüst. Durch die breiten Maschen können sich die Triebe leicht schlängeln und im Herbst lassen sich die dann trockenen Pflanzenteile leichter aus dem Rankgitter entfernen. Mit einem Tacker wird das Gitter an den Latten befestigt. Durch seine Steifigkeit verleiht es der ganzen Konstruktion die nötige Stabilität.

④ Füllen Sie Dränage, Vlies und Pflanzerde in den Kasten, dann werden die Kletter- oder Schlingpflanzen (hier Duft-Wicken) eingesetzt. Fädeln Sie die Triebe vorsichtig durch die Maschen. Wenn sie abknicken würden, ist es besser, sie mit Bindedraht locker am Draht zu fixieren. Der Neuzuwachs hält sich mit seinen Ranken fest. Gut angießen und in den ersten Tagen noch nicht in die pralle Sonne stellen.

Materialliste

- Pflanztrog aus Holz
- 6 Holzlatten, 1,8–2 m
- Schrauben
- Akkubohrer oder Schraubendreher
- breitmaschiges Drahtgitter, 2 m hoch
- Tacker und Klammern
- Dränagematerial und Vlies
- Pflanzerde
- Kletterpflanzen
- Bindedraht
- Pappe oder Plane zum Unterlegen

Zeitbedarf
- 2 Stunden (ohne Trockenzeit)

Extras
- Teichfolie
- Holzlasur/-farbe, Pinsel

Sichtschutz aus Paletten

Materialliste

- 2 Europaletten (80 × 120 cm)
- 2 Kanthölzer (10 × 10 cm, ca. 140 cm lang)
- Wetterfeste Holzfarbe
- Passende Kunststoffkästen, z. B. Tupper
- Hängend wachsende Balkonblumen
- Bandschleifer und Pinsel
- Schrauben und Schraubendreher
- Bei Bedarf: Säge, Zaunhülsen und Beton als Fundament

Achten Sie beim Kauf oder der Beschaffung der Paletten darauf, dass die dicken Blöcke zwischen den Böden aus Massivholz sind, da diese

viel länger halten als die aus Pressspan. Sie können diesen Sichtschutz nach Belieben in der Höhe wie in der Breite anpassen. In meinem Beispiel wurde die zweite Palette in der Mitte durchgesägt, um eine Gesamthöhe von 120 cm (80 cm plus 40 cm) zu erreichen. Wird die Sichtschutzwand im Garten am Rand der Terrasse aufgestellt, können die senkrechten Kanthölzer in ein kleines Betonfundament gegossen werden, dazu müssen die Kanthölzer ca. 20 cm länger sein und werden in einbetonierte Zaunhülsen gesteckt. Auf dem Balkon steht die Palettenwand durch ihr Eigengewicht meist stabil genug, ggf. kann sie an einer Seite mit einem Winkel an der Fassade befestigt werden.

① Paletten, Kanthölzer und Bodenhülsen. Los geht's!

② Mit wetterfester Holzschutzfarbe erhält das Holz einen Anstrich. Ich habe einen neutralen Anthrazitton gewählt, da die Töpfe und Pflanzen schon genug Farbe auf die Wand bringen.

③ Wenn die Farbe trocken ist, geht es weiter: Um die beiden Paletten miteinander zu verbinden, werden die Kanthölzer in der Mitte durch die Palette geschoben. Mit 2–3 Schrauben pro Kantholz werden diese an den Paletten fixiert, damit das Ganze auch stabil ist. Anschließend wird die zweite Palette einfach über die beiden Hölzer gestülpt und ebenfalls festgeschraubt.

④ Tuppertöpfe passen perfekt zwischen die Bretter der Palette.

● Durch den dunklen Anstrich verschwindet der Palettensichtschutz im Hintergrund.

Hängetöpfe als Sichtschutz

Materialliste

- Verschiedene mediterrane Kräuter, am besten Lavendel, Thymian, Rosmarin, Oregano, Berg-Bohnenkraut, Ysop oder Salbei.
- Bunte Töpfe aus Metall mit Bügeln zum Aufhängen. Ideal sind die etwas größeren ab einem Durchmesser von 13 cm, da sie mehr Volumen haben und nicht so schnell austrocknen.

Ein Sichtschutz muss nicht immer komplett blickdicht sein, um vor störenden Einblicken zu schützen. Privatsphäre schaffen heißt, dass man das Gefühl hat, dass die Nachbarn nicht auf den eigenen Balkon oder die Dachterrasse schauen können. Oft reicht es, störende Einblicke punktuell auszublenden – sodass man sie selbst nicht sieht. Das Motto »aus den Augen, aus dem Sinn« gilt auch für den Sichtschutz.

Diese »Kräuterkette« ist aber auch ideal, um unschöne Ausblicke, beispielweise auf Satellitenschüsseln und Antennen oder hässliche Fassaden, zu verbergen. Die Töpfe können nach Belieben umgehängt und abgeerntete Kräuter ausgetauscht werden.

① Setzen Sie die Kräuter mitsamt dem Übertopf jeweils in die Metalltöpfe.
② Jetzt heißt es ausprobieren – einfach aufhängen und so lange hin- und hertauschen, bis die Kräuter- und Farbenkombination am schönsten aussieht und Ihnen gefällt.

Zum Gießen nehmen Sie die Kräuter aus dem Übertopf, gießen einen kleinen Wasservorrat in den Übertopf und setzen das Kraut zurück. Pflanzen sind auf dem Balkon fast immer einer intensiven Sonneneinstrahlung und viel mehr Wind als am Boden ausgesetzt, und das gilt ganz besonders für diese aufgehängten Töpfe. Daher kommen für frei hängende Kräuter an Süd- oder Westbalkonen nur mediterrane Arten infrage. Sie kommen von Natur aus mit Hitze zurecht und nehmen es nicht gleich übel, wenn sie einmal etwas austrocknen. Damit sich der Wurzelballen nicht zu sehr erhitzt, sollten Sie jedoch keine dunkelgrauen, -blauen oder schwarzen Töpfe verwenden.

● Variationsmöglichkeiten ohne Ende: Wenn die Kräuter abgeerntet sind, einfach neue einsetzen.

❀ Sichtschutz heißt nicht, dass eine blickdichte Wand nötig ist. Oft reicht es schon, ein paar Einblicke oder Ausblicke (wie eine Satellitenschüssel) auszublenden.

Böden und Beläge

In der Wohnung ist es selbstverständlich, sich Gedanken über die Art des Bodens zu machen. Parkett, Teppich, Vinyl oder Fliesen? Auf dem Balkon oder der Terrasse gibt es viele Möglichkeiten, aus einem unattraktiven Belag mit Holzfliesen, Outdoor-Teppichen und Co. eine wohnliche Atmosphäre zu schaffen.

Schöne Böden im Handumdrehen

Materialliste

- Fertige Holzfliesen oder Mosaikplatten mit Marmorbruch- oder Kieselbelag
- Bei Bedarf: Säge und Teppichmesser zum Zuschneiden

Nicht immer ist der Belag des Balkons optisch ansprechend oder gar wohnlich. Mit fertigen Holzfliesen oder Stein- bzw. Mosaikfliesen lässt sich jeder Balkon an einem Nachmittag verschönern. Quadratische Holzfliesen gibt es standardmäßig in den Maßen 30 × 30, 40 × 40

TIPP

Wenn Ihr Balkon oder die Terrasse regelmäßig bei Regen nass wird, sollten Sie eine Unterlage zwischen dem eigentlichen Bodenbelag und den Holz- oder Steinfliesen in Betracht ziehen. Bei länger anhaltender Feuchtigkeit oder Nässe kann sich der Balkonboden durch den Kontakt mit dem Holz oder den Steinen verfärben. Diese Verfärbungen lassen sich aus den Fugen oder auf porösen Oberflächen wie Estrich nicht immer restlos entfernen, was beim Auszug zu Problemen führen kann. Als Unterlage eignen sich Folien, die aber stabil genug sein müssen und auf denen die Holzfliesen nicht verrutschen. Lassen Sie sich dazu im Baumarkt beraten.

und 50 × 50 cm im Handel. Die Fliesenmaße sollten sich an den Maßen Ihres Balkons orientieren. Ist dieser beispielsweise 120 cm breit, bieten sich Fliesen mit einer Kantenlänge von 30 oder 40 cm eher an, da sie perfekt »ins Raster« passen und kein oder wenig Verschnitt anfällt. Holzfliesen werden entweder einfach auf den Boden gelegt oder haben eine Unterkonstruktion aus Kunststoff, durch die die einzelnen Fliesen aneinander»geklickt« werden. Diese Klickfliesen lassen sich nur im Wechsel von Längs- und Querlatten verlegen; das Verlegen mit allen Latten in einer Richtung wie bei einem Holzdeck ist nicht möglich.

① Mit neuen Fliesen bekommt dieser triste Balkon im Handumdrehen einen neuen Belag.

② Klick an Klick werden …

③ … die Holzfliesen aneinandergefügt, bis die ganze Fläche belegt ist. Offene Bereiche an den Rändern mit Teilstücken füllen.

④ Auf Matten verklebte Kiesel werden ebenfalls einfach aneinandergelegt.

⑤ Marmorbruch, auf Matten oder Netze geklebt, kann genauso verlegt werden.

⑥ Am einfachsten geht die Reinigung von Holzdecks und Steinfliesen übrigens mit einem Staubsauger (bei Trockenheit). Solche Beläge mit einem Besen oder einem Wischmopp zu reinigen ist viel zu mühsam.

Holzfliesen & Kunstrasen

Materialliste

- Fertige Holzfliesen
- Kunstrasen
- Teppichmesser
- Bei Bedarf: Kunststofffilz, doppelseitiges Klebeband

Normaler Rasen würde selbst auf einer Dachterrasse mit Substratauflage nur schwer wachsen. Zu anspruchsvoll sind die Rasengräser, was ihre Wünsche nach Wasser, Nährstoffen und Sonne betrifft. Eine schöne, dauerhaftere Alternative ist Kunstrasen. Besonders gut kommt er in Kombination mit Holzfliesen zur Geltung.

● Das satte Grün und die warmen Holztöne ergänzen sich perfekt zu einem schönen Bodenbelag.

Messen Sie zunächst die Grundfläche Ihres Balkons bzw. des zu belegenden Bereichs aus und teilen Sie diese durch zwei. Das ist dann der Bedarf für die jeweilige Menge an Kunstrasen und Holzfliesen. Gute Baumärkte bieten verschiedene Kunstrasen als Meterware von der Rolle an. Die hochwertigeren sind dabei kaum von echtem Grün zu unterscheiden – mit kleinen braunen »Halmen« inklusive. Der Kunstrasen sollte ungefähr dieselbe Höhe haben wie die Holzfliesen, damit sich keine Stolperkanten bilden. Ist der Rasen niedriger als der Holzbelag, können Sie einfach eine Lage Kunststofffilz zum Ausgleich unter die Rasenplatten legen.

① Mit dem Teppichmesser wird der Rasen in quadratische Fliesen geschnitten. Da sie dieselbe Größe haben müssen wie die Holzfliesen werden diese einfach als Schablone verwendet.

② Vorsicht: Teppichmesser sind scharf wie eine Rasierklinge. Langsam schneiden, damit Sie nicht abrutschen und sich verletzen.

③ Die Holz- und Rasenfliesen werden abwechselnd im Karo-Verbund verlegt. Damit das Ganze stabil ist und nicht verrutscht, können Sie die Rasenfliesen auch an einer Stelle mit doppelseitigem Klebeband auf dem Untergrund fixieren.

④ So ein Karomuster sieht viel schöner und peppiger aus, als ein reiner Holzbelag oder Kunstrasen. Wird letzterer als einziger Belag verwendet, kann das schnell etwas spießig wirken.

Bemalte Holzfliesen

Materialliste

- Unbehandelte (nicht geölte) Holzfliesen
- Fußbodenfarbe für Holzböden
- Pinsel
- Latexhandschuhe
- Pinselreiniger oder Waschbenzin
- Alter Lappen
- Folie oder Zeitungspapier als Unterlage

Holzfliesen sind an und für sich ein perfekter Bodenbelag für Balkon und Terrasse. Sie isolieren gegen Wärme und Kälte, man bekommt also keine kalten Füße wie bei Stein- oder

TIPP

Fragen Sie im Baumarkt oder bei Ihrem Farbenhändler explizit nach einer Fußbodenfarbe für Holzböden und -treppen. Diese Spezialfarben, auf umweltfreundlicher Wasserbasis hergestellt, sind für die extreme Beanspruchung von Holztreppen und Holzfußböden wie Dielen entwickelt und haben einen sehr geringen Abrieb. Verwenden Sie normale Holzfarbe, wird diese beim Belaufen der Oberfläche schnell abgerieben, was nicht besonders schön aussieht. Wenn die Holzfliesen der Witterung ausgesetzt sind, sollten Sie mit einer schützenden (und überstreichbaren) Grundierung versehen werden.

Betonböden und scheint die Sonne auf den Balkonboden, erhitzen sich Holzfliesen bei Weitem nicht so stark wie Keramikfliesen, Beton- oder Steinböden. Messen Sie die Fläche aus und kaufen Sie die entsprechende Menge Holzfliesen – plus ein paar mehr als Reserve.

① Legen Sie sich alles Material zurecht, bevor Sie mit dem Streichen beginnen. Wichtig ist eine dichte Unterlage. Stellen Sie sicher, dass Sie genug Farbe kaufen. Auf der Packung steht, für welche Fläche der Inhalt ausreicht. Rechnen Sie etwas Puffer ein, da auch die seitlichen Kanten und die Rillen gestrichen werden bzw. zusätzliche Farbe aufnehmen. Die Latexhandschuhe sind praktisch, weil man mit ihnen viel Gefühl hat, aber die Hände wenigstens einigermaßen sauber bleiben.

② Die Holzfliesen müssen sauber und trocken sein, und vor allem darf die Oberfläche nicht geölt worden sein. Öl verhindert, dass die Farbe ins Holz zieht und sich fest mit der Oberfläche verbindet. Achten Sie daher beim Kauf darauf, unbehandelte Holzfliesen zu erwerben.

③ Streichen Sie die Fliesen in mehreren Durchgängen satt mit Farbe ein, damit diese tief in die Rillen und die Zwischenräume gelangt.

④ Damit später keine Holzfarbe mehr durchblitzt, müssen Sie auch die Kanten und Ränder gründlich streichen. Es macht nichts, wenn etwas Farbe auf das Kunststoffgestell des Klicksystems gelangt.

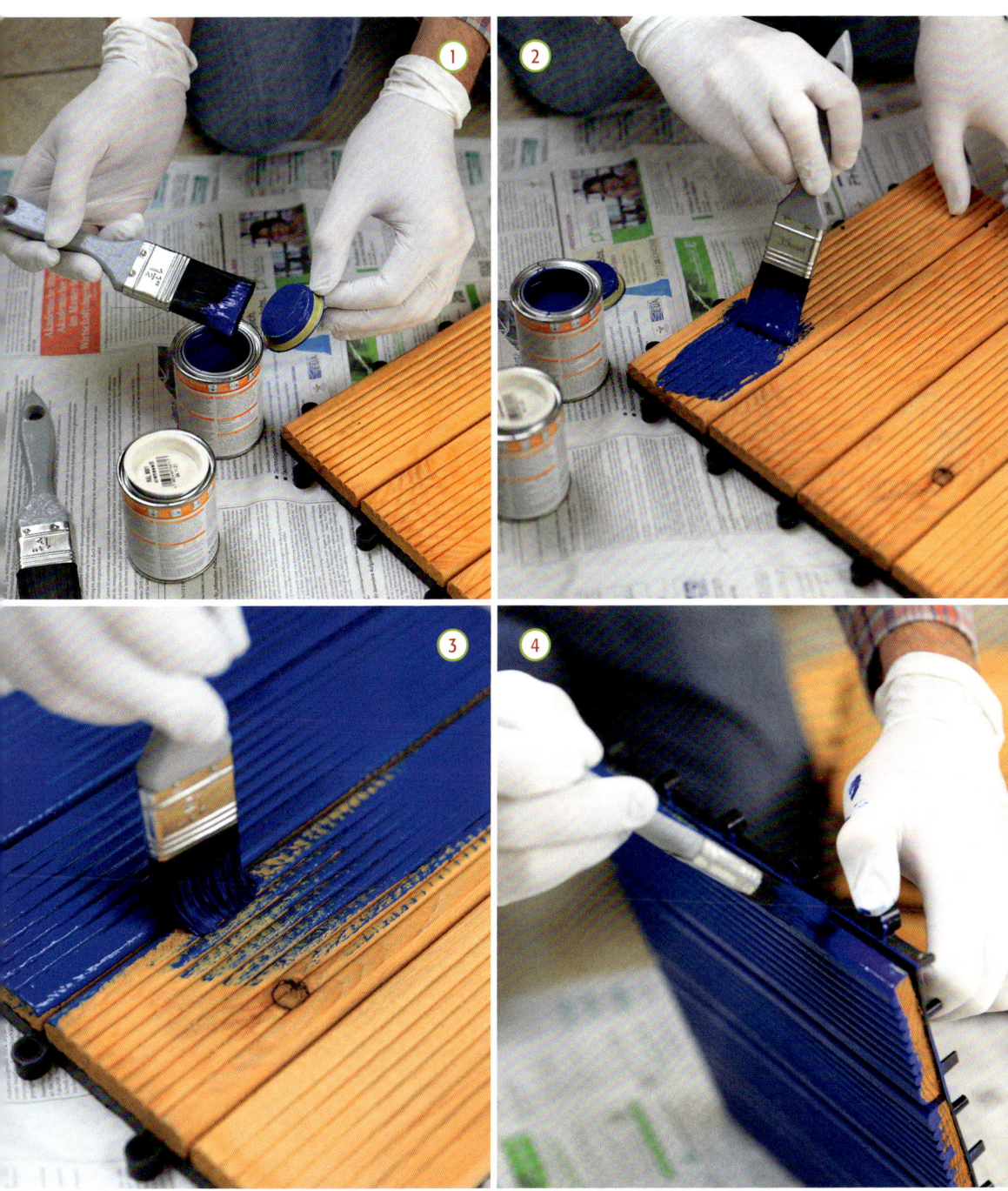

⑤ Das Schöne beim Selbststreichen der Holz-fliesen ist die Möglichkeit, die Farbe zu variieren bzw. den Boden wie ein Mosaik in zwei oder sogar mehreren Farben zu gestalten. Legen Sie sich die Anzahl der Holzfliesen entsprechend der Farbe zurecht. Wechseln Sie für die zweite Charge das Material – Pinsel, Handschuhe und am besten auch die Unterlage –, damit keine unerwünschten Farbkleckse sie verunreinigen.

⑥ Sollte doch etwas Farbe an die Hände oder den Untergrund gelangt sein, lässt sich diese leicht mit Waschbenzin oder Pinselreiniger und einem alten Lappen entfernen. Danach die Hände mit Seife und warmem Wasser waschen und mit einer Handcreme einreiben.

⑦ Sind die Fliesen völlig getrocknet – meist ist das nach 24–48 Stunden der Fall –, können sie verlegt werden. Kontrollieren Sie auch die Unterkonstruktion, da sich hier oft noch nicht ganz trockene Farbtropfen befinden, die dann auf dem Untergrund Flecken hinterlassen.

TIPP

Die Fülle an Farben ist verführerisch, jedoch eignen sich knallige oder sehr leuchtende Farben wie Pink, Rot, Orange oder Gelb weniger gut, da sie schwer mit anderen Elementen kombinierbar sind. Besser sind neutrale oder ruhige Töne, Blau, Elfenbein- oder Cremeweiß, Mauve oder gedeckte Grüntöne. Braun sieht nicht gut aus, in dem Fall ist es besser, die Fliesen in natura zu belassen.

✽ Die trockenen Fliesen werden einfach aneinandergeklickt und verlegt. Achten Sie darauf, dass die Latten der beiden Farben immer in die jeweils selbe Richtung zeigen, das wirkt insgesamt ruhiger und angenehmer.

Outdoor-Teppiche

Draußen wohnen

Outdoor-Teppiche verwandeln Ihren Balkon, die Terrasse oder eine Loggia wirklich in einen zusätzlichen Wohnraum. Wenn Sie den Balkon oder die Terrasse im selben Stil gestalten wie Ihre Wohnung bzw. die angrenzenden Zimmer, wird der Übergang nahtlos. Dazu noch ein paar schöne Loungemöbel mit bequemen Kissen, ein Regal und ein Beistelltisch und das Balkonzimmer ist perfekt.

In den letzten Jahren haben verschiedene Hersteller immer neue Modelle entwickelt, einfarbig oder gestreift, mit geometrischen Mustern oder

einfach nur bunt. Die Auswahl ist groß und so bleiben keine Wünsche offen. Durch die glatte Oberfläche lassen sie sich leicht reinigen und sind sehr angenehm beim Belaufen – und das auch barfuß. Manche Modelle haben beidseitig verwendbare Seiten mit unterschiedlichen Farben wie der Teppich in Bild 3: Die eine Seite ist blau mit weißen Sternen, die andere weiß mit blauen Sternen. So sorgen Sie zusätzlich für eine willkommene Abwechslung.

① **Einladend:** Ein kleiner Läufer führt von der Terrasse in die Wohnung.
② **Stylish:** Wie wäre es mit einem schwarzweißen ganz privaten Zebrastreifen?
③ **Maritim:** An diesem klassischen Muster werden Sie sich nie sattsehen können.
④ **Ton in Ton:** Der Teppich fügt sich perfekt in das Farbklima der Türen ein.
⑤ **Geometrisch:** Nicht nur praktisch und wohnlich, sondern schon fast ein Kunstobjekt.
⑥ **Farbenfroh:** Da sind die Balkonblumen nahezu schon überflüssig.

Checkliste für die Auswahl

- Pflegeleichtes Kunststoffmaterial
- Recycling-Material, ja oder nein?
- Rutschfest bei Nässe
- Nicht zu dick, damit der Untergrund nach einem Regenguss schnell abtrocknen kann.
- Leicht zu reinigen, vielleicht sogar in der Waschmaschine waschbar?

❋ Kunststoffteppiche sind robust und sorgen für eine wohnliche Atmosphäre auf dem Balkon.

Wege und Beläge

Wege und Oberflächen im Garten oder auf der Terrasse können mit den unterschiedlichsten Belägen versehen werden. Man unterscheidet zwischen gebundenen und offenen Oberflächen. Gebundene Oberflächen sind wasserundurchlässig, brauchen also ein leichtes Gefälle, damit Regenwasser abfließt. Praktischer und auch umweltfreundlicher sind offene Beläge, bei denen das Niederschlagswasser direkt auf der Weg- oder Belagsfläche versickern kann.

① **Holzplanken** werden in ein Zementbett verlegt, die Zwischenräume dann mit Kies gefüllt. Für den Einsatz im Freien eignen sich nur Harthölzer wie Eiche, Robinie oder Lärche und kesseldruckimprägniertes oder Thermoholz.

② **Fugengrün** In offenen Fugen sprießen schnell kleine Pflanzen. Pflanzen oder säen Sie trittfeste Bodendecker wie Polster- und Sand-Thymian oder Frühlings-Fingerkraut, sie vertragen volle Sonne. Im Schatten gedeihen Sternmoos, Hornklee und Pfennigkraut in den Fugen.

③ **Dicke Baumscheiben** können zu urig-rustikalen Wegen verlegt werden. Sie sind jedoch nur für sonnige Stellen geeignet, da die offene Holzoberfläche im Schatten schnell von Algen und Moos besiedelt wird und glitschig wird. Dann besteht Rutschgefahr! Am längsten halten sich solche Wege aus Eichen- oder auch Buchenholz. Fichten-, Kiefern- oder Tannenscheiben sind zwar günstig, verrotten aber schon nach wenigen Jahren und bilden dann eine holprige, nicht mehr zu begehende Fläche.

④ **Rindenmulch oder Holzhäcksel,** auf ein Unkrautschutzvlies gestreut, sind ein idealer Belag für Wege im Gemüsegarten. Er trocknet schnell ab und ist bei Schnecken nicht sonderlich beliebt – was nicht heißen soll, dass er eine unüberwindbare Barriere darstellt.

⑤ **Material-Mix** Holz und Steine lassen sich schön kombinieren, hier alte Eichenbohlen und bunte Flusskiesel, in ein Mörtelbett verlegt.

⑥ **Ziegelsteine oder Klinker** können in verschiedenen Mustern, hochkant oder flach, quer oder längs, im Fischgrät- oder Diagonalverbund verlegt werden. Regelmäßig von Algen befreien, damit die Oberfläche nicht rutschig wird.

TIPP

Nicht nur die Optik, auch die Häufigkeit, wie oft ein Weg oder eine Fläche begangen wird, und seine Nähe zum Haus beeinflussen die Wahl des Belagmaterials. Sand- und Kieswege sind wunderschön, robust, günstig und pflegeleicht. Direkt am Haus kann es aber lästig werden, wenn man ständig Sand und Kies mit den Schuhen ins Haus trägt. Auch die Farbe beeinflusst die Auswahl. Helle Beläge können bei Sonnenlicht geradezu blendend grell wirken und manche Steinarten werden bei Nässe dunkel und haben dann eine ganz andere Wirkung.

Platten selbst verlegen

Mit etwas Übung lassen sich Platten für Wege und Sitzplätze selbst verlegen. Wichtig ist eine gute Vorbereitung des Untergrunds, denn mit ihm steht und fällt die Haltbarkeit eines Belags.

Heben Sie die Fläche, die gepflastert werden soll, etwa 15–20 cm tief aus und verdichten Sie den Untergrund mit einer Rüttelplatte. Anschließend wird eine 10–15 cm dicke Tragschicht aus Splitt aufgetragen und ebenfalls verdichtet, dann mit einem Brett glattgezogen. Überprüfen Sie mit Hilfe einer zwischen zwei Pflöcken gespannten Schnur, dass die Fläche eben ist bzw. ein ganz leichtes Gefälle aufweist.

① Bei Natursteinplatten mit unregelmäßigen Kanten ist das Verlegen wie ein großes Puzzle, bis die Platten so zusammenpassen, dass die Fugen nicht zu breit sind. Kontrollieren Sie mit der Wasserwaage immer wieder, dass die Fläche ein leichtes Gefälle hat.

② Klopfen Sie die Platten mit dem Gummihammer leicht in das Splittbett. Wenn alle Platten verlegt sind, werden die Fugen mit einem Gemisch aus feuchtem Trockenmörtel und Sand gefüllt. Fegen Sie Reste von der Oberfläche und lassen Sie den Mörtel abbinden, damit die Fugen fest miteinander verbunden werden.

● Nehmen Sie sich Zeit, die Platten so anzuordnen, dass sie zusammenpassen und nur kleine Fugen entstehen.

Materialliste

- Natursteinplatten
- Splitt und Sand
- Trockenmörtel
- Gummihammer
- Steinhammer
- Rüttelplatte
- Schaufel
- Besen
- Wasserwaage
- Pflöcke
- Schnur
- Brett
- Knieschoner

Zeitbedarf
- Je nach Fläche mehrere Stunden

Trittplatten in Blätterform

Diese selbstgebauten Trittplatten sind auf jeden Fall ein Hingucker und absolute Unikate. Sie können dazu jedes großes Pflanzenblatt verwenden, beispielsweise Rhabarber, Pestwurz oder Mammutblatt.

① Legen Sie die Arbeitsfläche mit einer stabilen Folie aus, damit der Tisch darunter nicht verschmutzt. Pinseln Sie die Blattunterseite nun mit Pflanzenöl ein. Versuchen Sie dabei, das Öl gleichmäßig und in alle Ritzen und zwischen die Blattadern zu verteilen. Es dient dazu, dass das Blatt sich später leicht vom Estrich ablösen lässt. Ohne Öl bleibt ein Teil des Blatts an der Trittplatte kleben und muss abgekratzt werden.

② Schütten Sie den Sand auf die Arbeitsfläche, etwa 2–3 cm dick. Die Sandfläche sollte etwas

Materialliste

* verschiedene große Pflanzenblätter, z.B. von Rhabarber oder Gunnera
* Pflanzenöl und Pinsel
* Folie
* Sand
* Fertig-Estrich und Eimer
* Kelle oder alte Handschaufel
* Haushaltshandschuhe aus Gummi
* Drahtbürste, Kombizange

Zeitbedarf
* 20–30 Minuten pro Blatt ohne Trocken- bzw. Aushärtezeit

größer als das Blatt sein. Nun wird das Blatt mit der Oberseite nach nach unten auf den Sand gedrückt.

③ Mit Wasser mischen Sie den Estrich in einem alten Eimer an. Das Mischungsverhältnis von Estrich oder Fertigzement mit Wasser unterscheidet sich von Produkt zu Produkt, folgen Sie daher der Anleitung auf der Verpackung. Setzen Sie lieber etwas zu viel Estrich an als zu wenig. Wenn das Blatt nur teilweise oder zu dünn bedeckt ist und Sie dann neuen Estrich ansetzen müssen, ist der auf dem Blatt bereits angetrocknet und verbindet sich nicht mehr mit dem frischen. Verteilen Sie den Estrich großzügig auf der eingeölten Blattfläche. Tragen Sie unbedingt Handschuhe, denn der Estrich kann bei Hautkontakt zu Reizungen und Rötungen führen. Arbeiten Sie sich von der Blattinnenseite zu den Rändern vor, aber nicht darüber hinaus, denn die Trittplatte soll ja genau der Blattform entsprechen. Die Estrichschicht sollte etwa 3–5 cm dick sein.

Der Estrich bindet relativ schnell ab und wird hart, daher müssen Sie zügig arbeiten.

④ Nach einer Trocken- und Aushärtephase, am besten über Nacht, wird die Platte umgedreht und dann das Blatt behutsam vom Estrich abgezogen. Dort, wo die dicken Blattadern waren, sieht man nun eine wunderschöne Äderung. Überstehende Estrichreste können mit einer Drahtbürste oder Kombizange vorsichtig (!) vom Rand entfernt werden.

❁ Selbstgemachte Trittplatten führen den Weg am Stau-
denbeet entlang zur Sitzbank.

Wiederholen Sie die Arbeitsschritte mit den
übrigen Blättern so oft, bis Sie genug Trittplatten
hergestellt haben.

Schreiten Sie den Weg oder Pfad, der mit den
Platten belegt werden soll, mehrmals ab und
markieren Sie die Trittstellen mit einer Handvoll
Sand oder Kieselsteinen. Es ist wichtig, den rich-
tigen Abstand zu finden, sonst ärgern Sie sich
später, wenn Sie »trippeln« oder in »Ausfallschrit-
ten« laufen müssen oder ständig neben statt
auf die Platten treten. Normal ist eine Schrittlän-
ge von 65 cm, gemessen von Plattenmitte zu
Plattenmitte.

Zum Verlegen wird der Rasen 10 cm ausgeho-
ben und eine Schaufel voll grober Splitt oder
Kies in das Loch geschüttet. Gleichmäßig verteilen und andrücken, dann wird die Trittplatte auf
den Splitt gelegt und mit einem Gummihammer leicht festgeklopft, damit sie plan liegt und
nicht wackelt. Anschließend den Rand mit Kies
und Erde auffüllen, das Gras wächst von alleine
in kurzer Zeit wieder nach. Achten Sie beim Verlegen unbedingt darauf, dass die Plattenoberssei-
te bündig mit der Grasnarbe oder, besser noch,
leicht darunter liegt. Nur dann können Sie mit
dem Rasenmäher beim Schneiden des Grases
ohne Sorge um die Platten und die Messer des
Mähers über die Platten fahren. Grashalme am
Plattenrand, die der Mäher nicht erfasst hat,
werden mit einem Rasenkantenschneider oder
einer Schere nach dem Mähen gekürzt.

Platten, die über die Grasnarbe hinausstehen,
sind außerdem eine gefährliche Stolperfalle, da
man an den Kanten mit den Zehen oder den
Schuhen leicht hängen bleibt.

Noch mehr Wege

Mit Fertigzement oder Estrich lassen sich im Garten viele Ideen für Beläge verwirklichen.

① **Exotische Blätter** Die auf den vorigen Seiten beschriebene Methode lässt sich mit einer Vielzahl an Blättern ausführen. Da auch viele Zimmerpflanzen große Blätter ausbilden, sind diese besonders gut geeignet. Hier wurde das Blatt einer Buntwurz (*Caladium*) in Zement gegossen. Mit den großen, runden Blättern von Fächerpalme, Geigenfeige oder den handfömig gelappten Blättern der Aralie (*Fatsia*) bringen Sie exotisches Flair in den Garten. Kleinere Blätter können Sie wie ein Mosaik zusammenfügen.

② **Sand-Kies-Pfad** Trampelpfade, die bei Regen zu matschigen Rutschbahnen werden, können mit einer Schicht Mörtel und darin eingestreuten Kieseln befestigt werden. Drücken Sie die Kieselsteine in den feuchten Mörtel, bevor dieser aushärtet. Der Untergrund muss vorher verdichtet und mit einer Splittschicht versehen werden, sonst bricht der Belag und das ganze wird wackelig und unbegehbar.

③ **Platten im Kies** Falls Trittplatten in Kiesflächen sich im losen Material immer wieder verschieben oder gar wandern, können Sie die Platten mit ein paar Litern flüssigen Estrich auf die Kiesel »daraufkleben«. Zuerst nehmen Sie unter den Platten ein paar Steine weg, denn diese sollen hinterher ja wieder plan und bündig mit dem Kieselbelag abschließen und keine Stolperfallenkanten bilden. Den Estrich auf die Kiesel gießen, die Platte auflegen und mit einem Gummihammer festklopfen.

Möbel und Ordnungs-helfer

Draußen wohnen heißt die Devise und viele Möbel können Sie einfach aus Paletten oder Recycling-Holz selbst bauen. Für Ordnung sorgen Regale und Kisten, in denen Werkzeug, Kleingeräte, aber auch Gartenge-schirr und Kissen Platz finden.

Sitzbank aus einer Überseekiste

Materialliste

- Überseekiste
- 4 Möbelfüße
- 2 Holzleisten, 40 × 20 mm, Länge = Tiefe der Kiste
- Sperrholzplatte, Maße wie die Innenmaße der Kiste
- Passendes Schaumstoffpolster, etwas breiter, um es vorne über den Rand zu ziehen.
- Stoff als Überzug
- Selbstschneidende Spaxschrauben
- Akkuschrauber oder Schraubendreher
- Tacker
- Kissen

Überseekisten bekommen Sie bei international tätigen Speditionen oder Sie recherchieren auf den einschlägigen Kleinanzeigenportalen im Internet (siehe S. 92). Die Kisten bestehen aus glatt gehobelten, unbehandelten Brettern oder Sperrholzplatten und sind unglaublich stabil.

Die Sitzfläche besteht aus einer mit Schaumstoff und Stoff bespannten Sperrholzplatte, die auf zwei Leisten gelegt wird. So entsteht unter dem Sitz Stauraum für Zeitschriften und dergleichen. Die Kiste können Sie auch mit Farbe bunt bemalen oder lasieren. Ein Schutzanstrich ist auf jeden Fall sinnvoll, wenn die Sitzbank einmal einen Regenschauer abbekommen kann.

❋ Auf der Unterseite werden an den Ecken mit etwas Abstand zum Rand vier fertige Möbelfüße angeschraubt.

❋ Um eine Ablagefläche zu bekommen, befestigt man innen Leisten, auf denen das Sitzpolster aufliegt.

✸ Ein Rückenpolster sowie mehrere Kissen machen den Komfort in der Sitzhöhle für Balkon oder Terrasse perfekt. Da kann nicht mal der Strandkorb aus Sylt mithalten. Und im Winter kann das Möbelstück in die Wohnung umziehen.

Fahrbare Kissentruhe

Materialliste

- 2 Weinkisten
- 4 kleine Möbelrollen
- 2 Möbelscharniere oder Scharnierband
- Metermaß oder Zollstock
- Bleistift zum Markieren
- Schrauben
- Schraubendreher oder Akkuschrauber
- Bei Bedarf: Knauf oder Griff, Bohrmaschine, Holzfarbe oder -lasur und Pinsel

Sie möchten auf dem Balkon bequem und komfortabel sitzen, aber nicht ständig die dazu nötigen Kissen von draußen nach drinnen ver-

✳ So sind die Kissen schnell zur Hand, wenn Besuch kommt. Zugeklappt bietet die Truhe etwas Abstellfläche.

räumen, damit sie nachts oder bei Regen nicht feucht werden? Mit dieser kleinen Kissentruhe können Sie zumindest ein paar kleine Sitzkissen verstauen. Auch bei diesem Projekt kommt das Allroundtalent Weinkiste zum Einsatz.

① Schrauben Sie die Rollen auf die Ecken der einen Kiste. Die Schrauben dürfen nicht zu lang sein, denn wenn sie innen durchs Holz spießen, werden die Kissen beschädigt. Pro Möbelrolle reichen zwei Schrauben, auch wenn die Roller drei oder vier Bohrungen haben.

② Drehen Sie die Kiste zur Seite und legen Sie die zweite daneben. Sie wird den Deckel bilden. Messen Sie von beiden Seiten mit dem Zollstock den Abstand der Scharniere ab und markieren Sie ihn mit dem Bleistift. 8–10 cm von jeder Seite reichen.

③ Mit kleinen Holzschrauben werden die Scharniere festgeschraubt.

④ Zum Schluss noch das Loch für den Knauf bohren und denselben einschrauben.

Die Truhe bietet drei bis vier Sitzkissen Platz und schützt sie vor Feuchtigkeit. Da Ober- und Unterteil nur lose aufeinanderliegen, ist sie nicht geeignet, um die Kissen bei Dauerregen vor Nässe zu schützen. Natürlich können Sie die Truhe auch mit Holzschutzfarbe oder -lasur verschönern. Wenn Sie sie auch innen streichen, ist es wichtig, dass die Farbe wirklich trocken ist, damit die Kissen keine Flecken bekommen.

Gartensekretär aus einer Truhe

Diesen Wandsekretär können Sie entweder aus Leisten und Brettern komplett selbst bauen – oder, noch einfacher, aus einer Holztruhe mit Deckel anfertigen, ergänzt mit ein paar Extras.

① Wenn die Holzkiste unbehandelt ist, sollte sie mit einer Holzlasur oder einer Holzfarbe gestrichen werden, wenn sie draußen im Garten Wind und Wetter ausgesetzt ist. Streichen Sie dazu die Kiste erst von innen, dann lassen Sie sie gut durchtrocknen, bevor Sie die Außen- und dann die Rückseite streichen. Ggf. muss die Farbe zweimal aufgetragen werden.

Materialliste

- Holztruhe
- 2 Schubriegel
- 4 Ringösen
- 2 Stücke Kette, ca. 30 cm lang
- Haken, Ösen, Schrauben und evtl. Dübel für die Wandbefestigung
- Bohrmaschine
- Akkuschrauber oder Schraubendreher
- kleine Bretter für die Unterteilung

Zeitbedarf
- 30 Minuten zum Aufbauen
- 45 Minuten zum Lasieren (ohne Trockenzeit)

Extras
- Holzlasur/-farbe bei Bedarf, Pinsel

② Als Nächstes werden an der Kante des Deckels und an den Seiten der Kiste die beiden Schubriegel angebracht, die später verhindern, dass die Klappe (der Deckel) sich von alleine nach unten öffnet.

③ Auf der Innenseite der beiden Seitenwände und auf der Innenseite des Deckels werden nun die vier Ösen eingeschraubt, an denen die Ketten befestigt werden. Sie verhindern, dass der Deckel senkrecht nach unten fällt, wenn der Wandsekretär geöffnet wird. So kann der Deckel als kleine, waagrechte Ablage oder Arbeitsfläche genutzt werden.

④ Der Wandsekretär kann mit Haken und Ösen an jeder senkrechten Fläche befestigt werden, vorausgesetzt, sie ist tragfähig genug. In Holzwände können Sie direkt schrauben, in Ziegel-, Beton- oder vergipste bzw. verputzte Wände müssen Sie Löcher vorbohren, in die Dübel gesteckt werden. Die Länge und Größe der Dübel ist nicht nur von der Größe (und dem Gewicht) der Truhe abhängig, sondern auch vom Untergrund bzw. dem Wandmaterial. Fragen Sie im Baumarkt nach den passenden Dübeln und Schrauben, damit Sie Ihren Gartenwandsekretär sicher dauerhaft an der Wand montieren können.

Dieser Sekretär ist ideal, um Kleingeräte, Sämereien, Etiketten oder kleine Töpfe zu verstauen. Mit senkrechten und waagrechten Brettern sowie Haken und Ösen lässt sich der Innenraum beliebig einteilen und organisieren.

Möbel aus Paletten

Vielseitig & flexibel

Paletten sind einfach genial und es ist viel zu schade, sie nach Gebrauch zu entsorgen. Es gibt standardmäßig drei Größen. Die meistbenutzte ist die Europalette, eigentlich »Europoolpalette« genannt, mit einer Länge von 120 cm, einer Breite von 80 cm und einer Höhe von ca. 14,5 cm. Etwas größer sind Industriepaletten mit 120 × 100 cm. Die Düsseldorfer Palette ist mit 80 × 60 cm halb so groß wie eine Europalette und wird deshalb auch »Halbe Palette« genannt. Diese Angaben sind wichtig, denn der Bau von Möbeln aus Paletten ist viel einfacher, wenn das Rohmaterial dieselbe Größe hat.

✳ Zwei Paletten ergeben eine Bank, dazu noch ein Tisch aus einer Palette: Fertig ist die kleine Sitzgruppe.

Paletten lassen sich fast unbegrenzt in jede Art von Möbeln verwandeln: Tische, Bänke, Sessel, Stühle, Liegen, Bettgestelle, Hocker, Regale … die Bandbreite ist riesig. Am einfachsten lassen sich Tische aus einer Palette zusammensetzen.

Oberflächenbehandlung

Die Oberfläche der Paletten ist von Natur aus rau. Daher sollten Sie die Paletten auf jeden Fall abschleifen, damit sie sich nicht an Spreißeln verletzen oder Kissen einreißen. Dabei wird auch Schmutz entfernt. Alternativ können Sie Glas- oder Holzplatten bei Tischen verwenden. Da Paletten in der Regel nicht mit Holzschutzmitteln oder dergleichen behandelt werden, haben Sie bei der Farbgestaltung freie Hand: Ölen, lasieren, streichen – alles ist möglich.

① **Simpel und doch genial:** Für diesen Couchtisch werden einfach zwei Paletten übereinandergelegt, eine Glasplatte dient als oberer Abschluss. Bei den Sesseln schützt eine Abdeckung mit einer Sperrholzplatte die Polster vor Beschädigungen durch Spreißel.

② **Loungesessel:** Eine Palette bildet die Sitzfläche, die Seitenteile von zwei weiteren die Lehnen und die Rückwand. Aus einem Kantholz werden die Füße gebaut und mit einem Brett verbunden. Polster ganz simpel: Ein passendes Brett mit Schaumstoff belegen, Stoff darüberspannen und auf der Unterseite festtackern.

③ **Immer mobil:** Fertige Möbelrollen lassen sich einfach unter Paletten anschrauben.

Klapp- und Hängetische

Klapptische und Ablagen

Je kleiner der Balkon, desto mehr Kreativität ist beim Einrichten gefragt. Auch lange, schmale Balkone oder solche über Eck verlangen nach Einrichtungsmöglichkeiten, die nicht viel Platz brauchen, multifunktional sind oder zusammengeklappt werden können. Eine simple Ablage am Geländer können Sie sich aus einem Brett und Balkonkastenhalterungen basteln. Statt einen Pflanzkasten an der Außenseite des Geländers zu befestigen wird die Halterung einfach nach innen zeigend angebracht und statt des Kastens ein Brett eingelegt. Auch schön:

TIPP

Schnäppchen gefällig?

Warten lohnt sich. Wenn im März/April die Garten- und Balkonsaison beginnt, ist das Angebot an neuen Balkonmöbeln zwar riesig und unglaublich verlockend. Richtige Schnäppchen können Sie aber erstehen, wenn Sie Ihre Geduld zügeln und ein paar Monate warten. Ab September/Oktober steht in den Gartencentern und Möbelhäusern der Kollektionswechsel an und das heißt: Alles muss raus! Viele Stühle und Tische sind nun radikal reduziert. Fragen Sie im Sommer gezielt nach Ausstellungsstücken, denn auch diese sind oft günstiger zu haben. So kann der nächste Sommer kommen!

Einfach eine kleine Palette an die Wand stellen, ggf. mit zwei Winkeln an der Wand befestigen und als Regal nutzen.

① Diesen Klapptisch aus Metall können Sie einfach am Geländer oder wie hier an einer Ablage aus alten Paletten aufhängen. Wird er nicht gebraucht, klappt die Auflage nach unten.

② Nach demselben Prinzip funktioniert dieses Modell aus Holz, das perfekt zu den Stühlen passt. Holzmöbel peppen Sie bei Bedarf ganz einfach mit einem frischen Farbanstrich auf.

③ Luftig und leicht wirkt dieser Hängetisch. So wird der Blick durch das Geländer nicht gestört. Passend zum leichten Stil: die stapelbaren Metallstühle und das weiße Pflanzenregal.

④ Ein Tisch? Eine Ablage? Eine Bank? Eine Kissentruhe? Alles in einem! Der lange, schmale »Schlauch-Balkon« wird durch die maßgeschneiderte Banktruhe am Ende optisch verkürzt und man gewinnt auch noch einen Stauraum dazu.

Öfter mal was neues

Während die Einrichtungsbasics wie Boden und Möbel eher neutral gehalten werden sollten, können Sie immer wieder neue Farbakzente mit Kissen, Tischdecken und den Servietten setzen. Und wenn Sie dann noch die Töpfe und Pflanzgefäße farblich passend dazu auswählen, wird der Balkon wie aus einem Guss wirken.

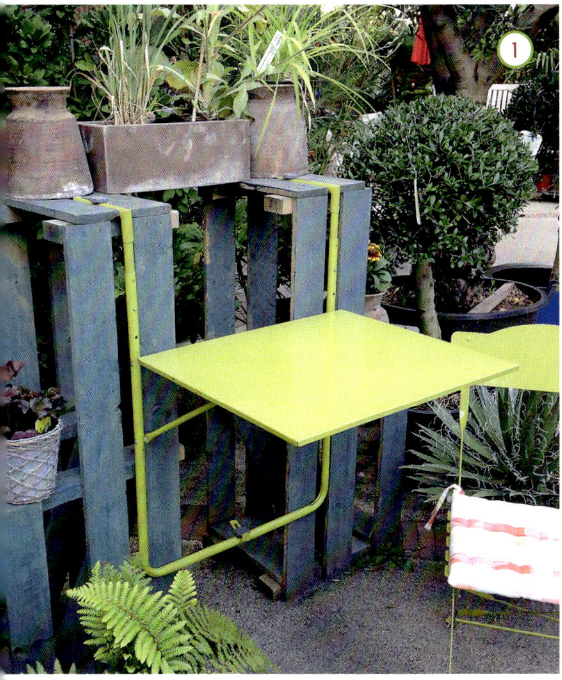
1

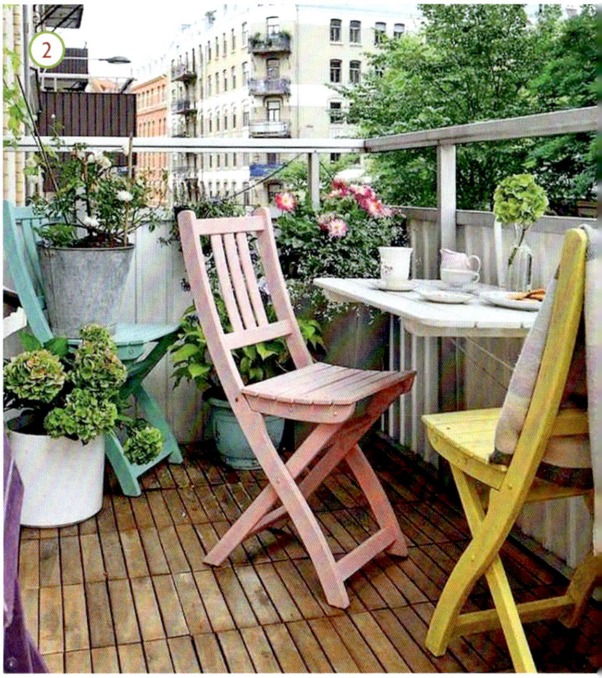
2

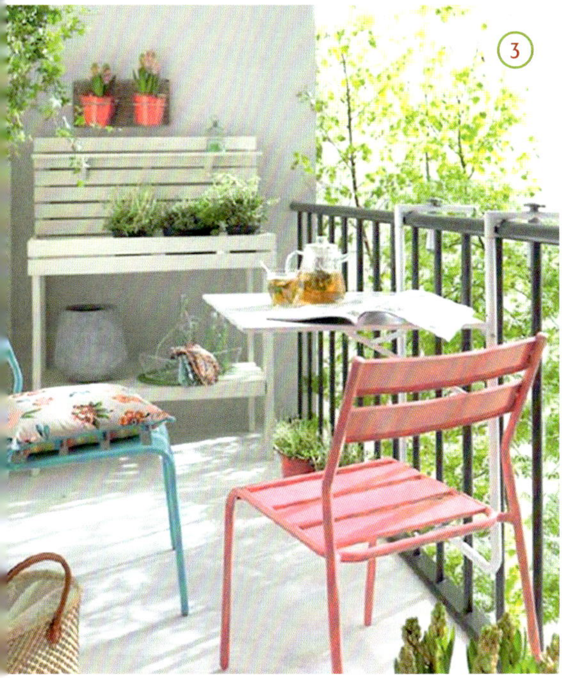
3

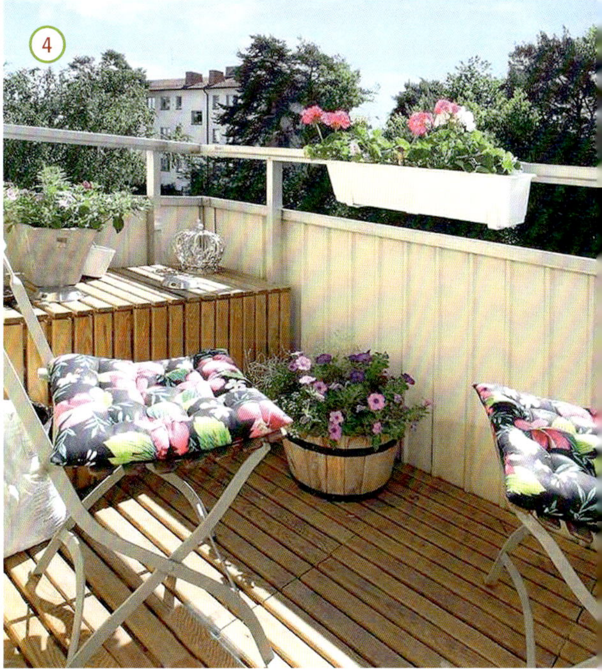
4

Regal aus Weinkisten

Weinkisten aus Fichten- oder Pappelholz sind eine wunderschöne Verpackung für edle Weine und nach dem Genuss der Letzteren viel zu schade, um sie einfach wegzuwerfen. Man kann sich seine Regale natürlich »ertrinken« – was nicht ganz billig ist, da man dann pro Kiste durchaus 60–100 Euro bezahlt. Schneller und günstiger geht es, wenn Sie die Kisten im Internet bei den bekannten Online-Händlern oder Portalen bestellen (siehe Seite 13). Da sich die Kisten häufig in den Maßen leicht unterscheiden – jede Weinkellerei hat ihre eigenen Maße – ist es sinnvoll, für ein Regal alle Weinkisten auf einmal von ein und demselben Anbieter zu erwerben. Einzeln oder nach und nach zusammengesammelte Kisten

Materialliste

* Weinkisten
* Spax-Schrauben zum Verbinden
* Akkuschrauber oder Schraubendreher
* Haken und Ösen
* Klammern
* Holzleim
* Schraubzwingen
* Winkeleisen zur Befestigung an der Wand

Zeitbedarf
* 30–60 Minuten (ohne Trockenzeit)

Extras
* Holzlasur/-farbe bei Bedarf, Pinsel
* Kleine Kästen als Einsätze

lassen sich besser als Aufbewahrungsboxen nutzen. Von außen beschriftet, finden Sie auch schnell den jeweiligen Inhalt wieder.

① **Gleich aufeinander** Simpel und doch genial sind übereinandergestapelte Weinkisten zu Regalen in beliebig vielen Formen kombinierbar. Wenn Sie nur zwei oder drei Kisten übereinanderstellen, reicht das Eigengewicht aus, damit sie stabil stehen. Werden es drei, vier oder mehr Kisten übereinander, dann sollten Sie die Kisten miteinander verleimen oder verschrauben (siehe nächste Seite).

② **Über Eck** Zusätzlichen Stauraum, z. B. zum Aufhängen von Kleingeräten, Werkzeug wie Scheren oder einfach als Ablagefläche, schaffen Sie, indem Sie die Kisten quer und aufrecht stabeln. Damit sie nicht kippen, müssen sie unbedingt miteinander verschraubt oder verleimt sein. Ab einer Regalhöhe von etwa einem Meter ist auch eine zusätzliche Befestigung an der Wand mit einem Winkel empfehlenswert.

③ **Aufhängung** An kleinen Haken oder Nägeln aufgehängte Klammern helfen dabei, Handschuhe, Lappen oder Handtücher immer griffbereit zu halten.

④ **Haken und Ösen** Um Kleingeräte oder Scheren an der Seite oder Unterseite aufhängen zu können, schrauben Sie kleine Haken in die Kiste. Achten Sie auf die Maserung: An den helleren Stellen ist das Holz weicher und der Haken lässt sich leichter einbohren.

Weinkisten verbinden

Um ein stabiles Regal zu bekommen, müssen die einzelnen Kisten miteinander verbunden werden, damit sie nicht kippen, wegrutschen oder sich verschieben. Eine dauerhafte Verbindung ist am schnellsten mit einfachem Holzleim zu erreichen. Will man das Regal zu einem späteren Zeitpunkt umbauen oder neu kombinieren, werden die Kisten besser nur miteinander verschraubt.

① Tragen Sie Holzleim auf die Seiten der Kisten, die Sie miteinander verbinden möchten, auf. Verwenden Sie nicht zu viel Leim, sonst quillt er später nur an den Seiten über.

② Mit einer Holzleiste wird der Leim zu einem dünnen Film ausgestrichen. Lassen Sie ihn dann etwas antrocknen. Wie lange ist vom Fabrikat abhängig – lesen Sie die Anleitung auf der Verpackung vorher durch. Sie müssen nicht die gesamte Fläche mit Leim bestreichen. Es reicht, wenn Sie jeweils an den Enden und in der Mitte eine etwa 10 × 10 cm große Fläche beleimen.

③ Wenn der Holzleim beim Berühren nicht mehr klebt, können die beiden Holzflächen aufeinander gelegt werden.

④ Die Festigkeit der Verleimung ist nicht von der Menge des verwendeten Leims, sondern von dem Druck, mit dem die beiden Flächen aufeinandergepresst werden, abhängig. Mit Schraubzwingen lassen sich die Kistenseiten fest und lange genug (am besten über Nacht) bis zum Aushärten bzw. Trocknen des Leims aufeinanderpressen.

⑤ Zum Verschrauben reichen kleine, etwa 12 mm lange Holzschrauben aus. Messen Sie die Dicke der Holzbretter ab, die Schrauben sollten etwa 2–3 mm kürzer sein als die doppelte Dicke, damit sie nicht durchstoßen.

Zum Schrauben eignen sich Akkuschrauber oder kurze Schraubendreher, mit denen Sie auch gut im Inneren der Kiste schrauben können. Damit die Kistenseiten bzw. -böden fest aufeinandersitzen, sollten sie mit vier Schrauben verbunden werden. Setzen Sie die Schrauben so, dass man sie später nicht mehr sieht. Steht das Regal auf dem Boden, von der Unterseite der waagrechten Böden, hängt es an der Wand ggf. von der Oberseite, wenn sich diese auf Augenhöhe oder noch darüber befinden.

⑤

✽ Zwei Paletten ergeben eine Bank, dazu noch ein Tisch aus einer Palette: Fertig ist die kleine Sitzgruppe.

Noch mehr Ideen für Gartenregale

① Durch den offenen Boden bzw. die Spalten in den Seiten und im Boden lassen sich Obstkisten einfach mit Haken oder an Nägeln an einer Holzwand, z. B. von einem Gartenschuppen, aufhängen. So sind Kleingeräte wie Scheren, Handschaufeln, Gartenmesser und Blumentöpfe immer greifbar. Mit einer dicken Kordel sind Blumentöpfe aus Ton daneben aufgehängt. In denen finden allerlei Kleingeräte wie Schnur, Scheren, Wäscheklammern, Topfbürsten und Pikierhölzer sowie Etiketten Platz.

Farbe im Garten

Wenn Sie Ihre Obstkisten mit Holzfarbe bunt anstreichen möchten, sollten Sie sie vorher gut mit einer Drahtbürste von Algen, Staub und Schmutz befreien. Die vielen Jahre, die sie in Gebrauch waren, haben ihre Spuren hinterlassen. Anschließend mit einem scharfen Wasserstrahl abspritzen und gut trocknen lassen. Erst dann können sie gestrichen werden. Nur bei neuen, ungebrauchten Holzkisten haftet die Farbe ohne vorherige Reinigung ausreichend.

Mini-Hochbeet

Mit einem Stück Plastikfolie ausgekleidet, können Sie die Holzkisten auch als rustikale Pflanzgefäße für Gemüse, Kräuter und Sommerblumen nutzen. Vergessen Sie nicht, auf der Unterseite die Folie mit Löchern oder Schlitzen zu versehen, damit Gieß- und Regenwasser abfließen können und sich keine Staunässe bildet.

Pflanzregal aus einer Weinkiste

Materialliste

- Weinkiste
- Stift zum Markieren
- Metermaß der Zollstock
- Bohrmaschine mit Holz- und Steinbohrer
- Schrauben und Dübel
- Wasserwaage
- Bei Bedarf: wetterfeste Farbe, Pinsel

Ein Pflanz- oder Balkonregal ist im Handumdrehen aus alten Weinkisten gebaut. Das Holz kann, wie hier, unbehandelt bleiben, wenn es nicht feucht werden kann. Auf Balkonen, die bei Regen nass werden, sollten Sie das Holz mit einer Lasur oder einem Farbanstrich schützen.

● Im Regal drin stehen Pflanzen geschützt, bekommen aber auch keinen Regen ab, deshalb gut gießen.

Wenn es feucht wird, beginnt das Holz zu schimmeln und wird morsch. Das Regal eignet sich nicht nur für Pflanzen, sondern auch als Ablage für Werkzeug, Dekoartikel oder Geschirr.

① Markieren Sie zuerst auf der Rückseite der Weinkiste die Bohrlöcher, durch die die Schrauben zur Aufhängung gesteckt werden.

② Als Abstand reichen 3 cm links und rechts von den Ecken völlig aus.

③ Mit dem Holzbohrer wird nun ein großes Loch (ca. 5 cm) in die Rückwand gebohrt.

④ Messen Sie die Bohrlöcher für die Dübel und Aufhängung an der Wand aus. Am einfachsten geht das, indem Sie die Kiste an ihren Platz halten und die Löcher mit dem Stift an der Wand markieren. Damit das Regal waagerecht hängt, kontrollieren Sie vor dem Bohren mit der Wasserwaage die Lage. Achtung: Selbst wenn, wie hier, nur in die Fugen gebohrt wird, sollten Sie in einer Mietwohnung den Vermieter fragen.

⑤ Nachdem die Bohrlöcher in der Wand mit passenden Dübeln bestückt wurden, kann das Regal an die Wand geschraubt werden. Stecken Sie die Schrauben dazu von innen durch die Löcher. Sind die Löcher in der Rückwand groß genug, befestigen Sie zuerst die Schrauben oder Haken und hängen das Regal daran auf.

⑥ Lassen Sie ein bisschen Luft zwischen der Wand und dem Regal.

Topfregal

Dieses Topfregal aus Holz kann in beliebiger Länge für viele Töpfe gebaut werden. Wenn es länger als 1 m ist, sollten zusätzliche Dreiecksstücke zur Stabilisierung eingefügt werden.

① Messen Sie die Position der Bohrlöcher für die drei Töpfe ab. Eins in der Mitte des Bretts, die beiden übrigen je ein Viertel der Länge von den Seiten entfernt.

② Mit einem Lochbohraufsatz werden nun die drei Löcher, in die später die Töpfe gesteckt werden, gebohrt. Der Durchmesser muss ein paar Zentimeter weniger als der Topfdurchmesser betragen. Legen Sie das Brett auf eine dicke Holzunterlage, damit Sie nicht in Ihren Arbeitstisch bohren.

③ Befestigen Sie nur die Dreieckskeile am Brett, das an die Wand geschraubt wird. Anschließend wird das mit den Topfhalterungen durchbohrte Brett auf der anderen Seite der Keile angeschraubt.

④ Bevor Sie das Brett mit Töpfen an der Wand aufhängen, wird es mit Holzfarbe gestrichen, damit es nicht so schnell verrottet. Wählen Sie dazu eine harmonierende oder kontrastierende oder zu den Töpfen oder Pflanzen passende Farbe.

❋ Elegant hängen die Töpfe im Regal, das farblich passend zur Hauswand gestrichen ist.

Materialliste

- 2 Bretter, ca. 60 cm lang × 15 cm breit × 2,5–3 cm dick
- 2 Dreiecksstücke
- 8 Spax-Schrauben 45 mm lang
- Bleistift und Metermaß
- Bohrmaschine mit Lochbohrer
- Akkuschrauber oder Schraubendreher
- 3 Pflanztöpfe

Zeitbedarf
- 60 Minuten (ohne Trockenzeit)

Extras
- Holzlasur/-farbe bei Bedarf, Pinsel

Gartenregal aus einer Leiter

Alte Leitern, die vielleicht nicht mehr so stand- und trittsicher sind, oder die man besser nicht mehr benutzt, weil die Sprossen wackeln, können als Gartenregal noch ein paar Jahre ihren Dienst im Garten versehen, bevor man sie endgültig entsorgt.

① Säubern Sie die Leiter oberflächlich von Schmutz oder Farbresten, jenachdem, wofür sie in der Vergangenheit genutzt wurde.

② Mit einem Lochbohraufsatz werden nun die drei Löcher, in die später die Töpfe gesteckt werden, gebohrt. Der Durchmesser muss ein paar Zentimeter weniger als der Topfdurchmesser betragen. Legen Sie das Brett auf eine dicke Holzunterlage, damit Sie nicht in Ihren Arbeitstisch bohren.

③ Kürzen Sie die Bretter ggf. in der Länge ein.

④ Auf der Unterseite können Sie Nägel einschlagen, und zwar so, dass das Brett beim Auflegen auf der Sprosse »einrastet« und nicht zu den Seiten verrutschen kann.

⑤ Auf das vorletzte Sprossenpaar kann auch statt eines Bretts eine kleine Holzkiste platziert werden, als Pflanzschale oder zum Verstauen oder Ablegen von Kleingeräten und Utensilien.

❋ Auf Tritt- oder Anlehnleitern mit breiten Trittsprossen können die Töpfe wie auf einer Treppe stehen.

Materialliste

- 2 Bretter, ca. 60 cm lang × 15 cm breit × 2,5–3 cm dick
- 2 Dreiecksstücke
- 8 Spax-Schrauben 45 mm lang
- Bleistift und Metermaß
- Bohrmaschine mit Lochbohrer
- Akkuschrauber oder Schraubendreher
- 3 Pflanztöpfe

Zeitbedarf
- 60 Minuten (ohne Trockenzeit)

Extras
- Holzlasur/-farbe bei Bedarf, Pinsel

✽ Ein oder zwei Bretter, eine Holzkiste und eine alte Klappleiter, die zum Selbstbesteigen zu morsch ist – fertig ist das rustikale Gartenregal.

Clevere Werkzeugaufbewahrung

Nichts ist lästiger, als permanent auf der Suche nach seinem Werkzeug und den Gartenutensilien zu sein. Wer alles in einer Kiste oder Box verstaut, sieht sich schnell einem bunten Durcheinander von Scheren, Geräten, Messern, einem Wirrwarr von Schnüren und Drähten und allerlei Kleinteilen gegenüber, das kaum noch auseinanderzutrennen ist. Abgesehen davon ist es gar nicht so ungefährlich, in einer solchen Kiste nach einem Werkzeug oder Gerät zu suchen, da man sich an offenen Scheren, Messern, Drahtenden oder Schrauben und Nägeln leicht verletzt. Räumen Sie auf, das spart Zeit, Nerven und hält Schrammen fern.

① **Kleine Handwerkzeuge** wie Blumengabeln, Handschaufeln, Unkrautstecher, Zwiebelblumenpflanzer und dergleichen lassen sich in einem kleinen Eimer mit trockenem Sand lagern. Praktisch: Beim Hineinstecken und Herausziehen wird lose anhaftende Erde gleich mit von den Metallteilen entfernt.

② **Gartenscheren und Messer**, Schraubendreher, Klappsägen und anderes Werkzeug mit spitzen Enden oder scharfen Schneiden kann kopfüber in einem Eimer, der an der Seite eines Gartenregals befestigt oder an einer gut erreichbaren Stelle aufgestellt wird, aufbewahrt werden. So können Sie sich an den scharfen Klingen und Spitzen nicht verletzen.

③ **Nie wieder »Schnursalat«**. Öffnen Sie einen einfachen Draht-Kleiderbügel aus der Reinigung an der Verzwirbelung und fädeln Sie alle Rollen mit Gartenschnur auf. Der Bügel kann griffbereit im Gartenregal oder -schuppen aufgehängt werden oder einfach dahin mitgenommen werden, wo man ihn gerade braucht.

④ **Gartenhandschuhe** haben die lästige Eigenschaft, sich zu verselbstständigen, und manchmal hat man das Gefühl, dass man mehr Zeit mit der Suche nach dem passenden Gegenstück verbringt als mit der eigentlichen Gartenarbeit. Mit Wäsche- oder Drahtklammern sind die Paare immer zusammen verstaut und das Phänomen, dass sich plötzlich nur noch linke oder rechte Handschuhe in der Handschuhkiste befinden, hat ein Ende.

✳ Auf Tritt- oder Anlehnleitern mit breiten Trittsprossen können die Töpfe wie auf einer Treppe stehen.

Balkon-Tomatenhaus

Materialliste

- Holzlatten (ca. 20 × 40 mm):
  2 × 1,80 m lang (Senkrechte, Rückseite)
  2 × 1,60 m lang (Senkrechte, Vorderseite)
  4 × 0,50 m lang (Waagrechte, Seiten)
  5 × 1,00 m (Waagrechte, Rückwand, Dach, Frontrollo)
  2 × 55 cm (Dachschrägen)
- Durchsichtige PET-Folie: 7,50–8,00 m, 1,00–1,20 m breit
- Teppichmesser und Gartenschnur
- Selbstschneidende Schrauben, Akkuschrauber
- Kleine Säge, Tacker und Klammern

TIPP

Die Kraut- und Braunfäule wird von einem Pilz (Phytophthora infestans) verursacht, der in die Stängel und Blätter eindringt und die Leitungsbahnen der Pflanze verstopft. Die Blätter werden braun und sterben ab. Befallene Früchte (erkenntlich am dunklen Stielansatz) sind bitter und ungenießbar. Da die Sporen überall in der Luft vorkommen und von Wind und Regen verbreitet werden, schützt dieses Tomatenhaus die Pflanze vor einer Infektion, da sie bei Regen nicht nass wird. Wählen Sie zusätzlich robuste Sorten wie 'Philovita F1', 'Resi', 'De Berao', 'Tigerella' oder die kleinfrüchtigen 'Rote Murmel' und 'Golden Cherry'.

Dieses Balkon- oder Terrassengewächshaus ist perfekt, um Tomaten und andere wärmeliebende Gemüse wie Auberginen und Paprika anzubauen.

① Bauen Sie aus den Latten den Rahmen. Legen Sie dazu die langen Holzlatten für die Seitenteile auf einen ebenen Untergrund und schrauben Sie die kurzen Seitenteile dazwischen. Zwei Schrauben pro Kontaktstelle reichen. Achten Sie darauf, dass die unteren Enden auf einer Höhe liegen, sonst wackelt das Haus später. Für das Dach werden die oberen Enden schräg abgesägt. Dann werden die Querverstrebungen angebracht – drei auf der Rückseite und eine vorne oben. Die fünfte Querlatte dient als Stange für das »Frontrollo«.

② Schneiden Sie mit dem Messer die Folie in ein 4 m langes und ein etwa 3,5 bis 3,6 m langes Stück. Die längere Folienbahn bildet Rückwand, Dach und Front. Wickeln Sie das vordere Ende der Folie einmal um die Rollolatte und tackern Sie sie fest. Tackern Sie nun die Folie von hinten unten übers Dach bis nach vorne am Rahmen fest.

③ Schneiden Sie das zweite Folienstück längs durch, für die Teilstücke der beiden Seiten, und tackern Sie die Folie an die Seitenteile.

④ Befestigen Sie zwei Schnurstücke (jeweils 30–40 cm lang) in einer Schlaufe mit zwei Schrauben am vorderen Trauf. In die Schlaufen können Sie die aufgerollte Front einhängen.

❋ Tagsüber sollte das Haus nicht komplett geschlossen sein, damit es sich nicht zu sehr aufheizt. Lassen Sie daher auch an den Seiten einen Spalt zwischen Folie und Boden offen.

Mini-Gewächshaus aus Weinkisten

Materialliste

- Weinkiste aus Holz
- Verschiedene Holzleisten als Rahmen:
  4 Stück, so lang wie die Kistenbreite
  2 Stück so lang wie die Kistenlänge
  2 Stück, so lang wie die Kistenhöhe
- Holzleisten mit eingefräster Nut:
  2 Stück, so lang wie die Kistenhöhe
  1 Stück, so lang wie die Kistenbreite
- Korken als Griff
- 2 kleine Scharniere, passende Schrauben
- 2 Glasscheiben: 1 × so groß wie die Kisten-
  grundfläche und 2 × wie die Seitenfläche
- Wetterfeste Farbe und Pinsel

● Lassen Sie die Tür tagsüber leicht offen stehen, damit sich die Luft im Inneren nicht überhitzt.

- Gummihammer und Kneifzange
- Bastelkleber, evtl. scharfes Messer
- Latexhandschuhe
- Schraubendreher

① Schlagen Sie die eine Seite der Kiste vorsichtig mit dem Gummihammer heraus. An diese Stelle kommt später das Dach.

② Entfernen Sie alle überstehende Nägel oder Metallklammern mit der Kneifzange.

③ Kleben Sie die Nutleisten in der Mitte der Kiste an die Seiten. In sie wird später eine kleine Glasscheibe als Ablage geschoben.

④ Ein Farbanstrich schützt das ursprünglich unbehandelte Holz vor Feuchtigkeit.

⑤ Die breiten, flachen Leisten werden als Rahmen um die Scheiben für die Tür und das Dach geklebt. Tragen Sie dazu den Bastelkleber auf die Scheibe auf. Je nach Sorte muss dieser einen Moment antrocknen, bevor die Leisten auf die Scheiben geklebt werden. Die Farbe muss natürlich komplett getrocket sein. Sollte an den Rändern Klebstoff herausquellen, wird dieser erst dann mit einem scharfen Messer abgekratzt, wenn er nicht mehr feucht ist.

⑥ Schrauben Sie die Scharniere an die Kiste und dann erst an den Türrahmen. Zum Schluss den Korken auf die Tür kleben, das Dach auflegen und die Glasplatte als Zwischenboden einschieben. Fertig ist das Mini-Gewächshaus.

Pflanzprojekte, Beete, Pflanzgefäße

Ab in den Garten! Probieren Sie doch mal die raffinierte Methode des Gärtnerns im Quadrat aus, pflanzen Sie Gemüse in Strohballen oder in ein selbstgebautes Hochbeet. Und der Klassiker, die Kräuterpalette, darf natürlich auch nicht fehlen.

Kastenbeet

Der Anbau von Gemüse in quadratischen Kästen hat viele Vorteile. Arbeiten wie Gießen und Unkrautjäten gehen leichter von der Hand, und im Gegensatz zu Hochbeeten brauchen Sie zur Füllung der Kästen viel weniger Kompost und Substrat, was sich in den Kosten niederschlägt. Außerdem können Sie die Kästen schnell und unkompliziert mit Vlies, Folie oder Gemüseschutznetzen abdecken oder eine Überdachung bauen. Und wenn Sie den Kasten mit Leisten in kleinere Rasterquadrate einteilen (siehe Seite 92), können Sie Ihre Gemüse und Kräuter in einem trendigen Square Foot Garden anbauen.

Materialliste

- 4 Bretter, circa 20 cm hoch, 120 cm lang, 2,5–3 cm dick
- 8–12 Spax-Schrauben 40 mm lang
- Bleistift oder anderer Stift
- Handbohrer oder Bohrmaschine
- Akkuschrauber oder Schraubendreher
- Unkrautschutzvlies, circa 1,5 × 1,5 m
- Schere
- Tacker und Klammern

Zeitbedarf
- 30 Minuten pro Rahmen

Extras
- 4 dünne Leisten, 125 cm lang, 2 cm breit und 8 mm dick
- 12 kurze Holzschrauben (15 mm)

① Bauen Sie eine quadratische Beeteinfassung mit einer Seitenlänge von 1,2 m und einer Höhe von etwa 20–30 cm. Schrauben Sie die Bretter mit den Enden versetzt aneinander, damit der Kasten wirklich quadratisch und nicht leicht rechteckig ist. Der Bau des hier gezeigten Einfassungsrahmens hat etwa 20 Minuten gedauert.

② Wenn Sie den Kasten im Garten oder auf vorhandene Beete aufstellen möchten, ist es sinnvoll, ihn mit einem sogenannten Unkrautschutzvlies auszukleiden. Dieses verhindert, dass Wurzelunkräuter wie Quecke oder Ackerwinde von unten aus dem gewachsenen Boden in das Kastenbeet hineinwachsen und sich ausbreiten. Stellen Sie den Kasten auf einen festen, ebenen Untergrund, sodass das Vlies auf jeder Seite etwa 10–15 cm Überstand hat.

③ Mit einer scharfen Haushaltsschere können Sie nun das Vlies von der Bahn auf die passende Größe abschneiden. Die Schnittkante muss nicht sauber und schön sein, da man sie später nicht mehr sieht.

④ Mit einem Tacker können Sie das Vlies nun an den Innenwänden des Kastens befestigen. Achten Sie darauf, dass es nicht zu weit oben festgetackert wird, denn sonst reißen die Klammern aus, wenn Sie die Box mit Substrat oder dem Erde-Kompost-Gemisch füllen. Die Befestigung bringt man etwa 5–10 cm unter der Oberkante der Bretter an, je nachdem wie hoch der Kasten und wie breit das Vlies ist.

Gärtnern im Quadrat

Ein quadratisches Raster ist das Grundprinzip beim Square Foot Gardening, um das sich immer alles dreht. Es ist die Basis der Bepflanzung, bestimmt die Abstände der Pflanzen untereinander und welche Gemüse zusammen in einem Kastenbeet wachsen. Sie können die Kästen mit einem Gemisch aus Gartenerde und Kompost oder mit einem Pflanzsubstrat wie Gemüse- oder Balkonblumenerde füllen.

Gemüse im Raster

Die Pflanzen im Quadrat lassen sich nach ihrer Wuchsgröße einteilen und die bestimmt auch, wie viele in ein Quadrat kommen. Sehr große Gemüse sind Brokkoli, Tomate, Paprika, Aubergine, Kürbis, Gurke und große Salate wie Endivie und Frisée sowie Zucchini. Von ihnen kommt nur eine Pflanze in ein Quadrat. Solche mit sehr großen Blättern wie Zucchini setzt man zudem besser in ein Quadrat am Rand, da dort ein Teil des Laubs einfach über die Einfassung hängen kann und keine anderen Kulturen in benachbarten Quadraten beschattet. Von großen Gemüsen wie Kopf- und Pflücksalat, Mangold und Porree passen je nach gewünschter Erntegröße zwei bis drei in ein Rasterquadrat. Mittlere Gemüse sind Möhren, Rote Bete, Spinat, Buschbohnen und Erbsen. Von ihnen können vier bis neun Stück in ein Quadrat gepflanzt werden. Bei Möhren ist es einfacher, sie in Reihen zu säen und nach dem Keimen (der Profi sagt Auflaufen) auszudünnen. Damit ist gemeint, schwächere und kümmerliche Jungpflanzen herauszuziehen oder einfach mit einer Schere abzuschneiden, damit die übrigen mehr

Platz haben. Kleine Gemüse sind Radieschen, Feldsalat, Frühlingsmöhren, Schalotten und Frühlingszwiebeln. Setzen Sie diese im Verbund von 4 × 4, also 16 Pflanzen ins Quadrat, Radieschen und Möhren in Reihen säen.

① Stellen Sie den Kasten im Gemüsegarten an einer sonnigen Stelle auf und füllen Sie ihn mit Kompost-Erde-Gemisch oder Pflanzerde.

② Im Abstand von 40 cm werden Leisten auf der Kante der Einfassung angeschraubt, die das Raster für die Bepflanzung bilden. In der Mitte werden die Leisten ebenfalls mit einer Schraube miteinander verbunden.

③ Das Rasterbeet ist nun bereit zum Bepflanzen und Besäen. Es besteht aus neun Quadraten mit einer Fläche von jeweils 40 × 40 cm.

④ Je nach Gemüseart kommen in ein Rasterquadrat eine oder mehrere Pflanzen – hier sind es neun kleine Feldsalattuffs. Zur Orientierung beim Bepflanzen kann man die Pflanzstellen einfach mit den Fingern markieren.

⑤ Sind im Frühjahr oder Herbst kühle Nächte angekündigt, wird der Kasten mit einem Vlies abgedeckt. Vlies gibt es in Weiß und Braun. Braunes Vlies verwendet man besser zum Einpacken von Kübelpflanzen und Immergrünen. Im Gemüsegarten ist weißes Vlies besser geeignet, da es mehr Licht durchlässt. Das Vlies ist ein dünnes Kunststoffgewebe aus Polypropylen (PP), das in unterschiedlichen Stärken angeboten wird. Eines in der Stärke von 17–30 g/m2 mindert kühle Temperaturen, Vlies mit 30–70 g/m2 schützt sogar vor Nachtfrost.

Frühbeet und Vliestunnel

Frühbeete sind kleine Turbo-Wachstumsbeschleuniger. Da sich der Boden in ihnen im Frühjahr schneller erwärmt als in offenen, ungeschützten Beeten, keimen Samen schneller und die Jungpflanzen haben einen Wachstumsvorsprung gegenüber ihren Beetnachbarn, die unter freiem Himmel wachsen müssen. Statt ein teures Fertigmodell zu kaufen, können Sie auch ein Frühbeet selber bauen.

① **Frühbeetkasten für hohe Gemüse.** Auf einen Rahmen aus Holzbrettern wird ein Lattengestell gebaut, das an den Seiten mit Plexiglas, alten Fenstern oder Glasscheiben geschlossen wird. Die Frontseite ist leicht schräg, dann gelangt mehr Licht ins Innere an die Pflanzen.

Das Dach besteht aus einem Vlies oder einer Folie, die am unteren Ende an einem Rundholz oder an einer Latte befestigt wird. So kann das Vlies wie ein Vorhang auf der Vorderseite tagsüber hoch- und nachts oder bei kaltem Wetter heruntergerollt werden.

② **Einfassung mit Folienabdeckung.** Auf eine Einfassung aus Holz oder Stein wird ein passender Rahmen gesetzt, der mit Folie bespannt wird. Damit der Rahmen offen stehen bleibt, kann er mit einem Stab oder einer Latte gestützt werden, oder er wird mit einer Schnur an einem Zaun oder Ast, der über dem Frühbeet wächst, hochgehalten.

Wenn die Pflanzen größer werden und nicht mehr so empfindlich sind, wird er entfernt.

③ **Vlies- oder Folientunnel.** Schutz vor nächtlicher Kälte, Temperaturschwankungen und lästigen Gemüsefliegen bieten Polytunnel, die mit Vlies bespannt werden. Im Gegensatz zu einer Folienüberdachung besteht kaum Gefahr der Überhitzung, da das Vlies luftdurchlässig ist. Auch die Gefahr von Pilzkrankheiten durch Schwitzwasser und zu hohe Luftfeuchtigkeit ist geringer. Das Vlies ist so eng verwebt, dass Möhren-, Zwiebel-, Lauch- oder Kohlfliegen keine Chance haben, ihre Eier an den Gemüsejungpflanzen abzulegen – vorausgesetzt, das Vlies ist rundherum bündig auf dem Boden befestigt und weht bei Wind nicht hoch.

Zum Bau werden einfach lange Metallstäbe U-förmig gebogen und in Abständen von circa 80–100 cm ins Beet gesteckt. Es gibt auch fertige Bausätze oder Konstruktionen. Auch ein U-förmig gebogenes Baustahlgitter leistet gute Dienste, allerdings sollte dies nicht zu lang sein, damit man die Pflanzen noch gut erreichen kann. Stücke von etwa 1 m Länge mit einem Abstand von 50 cm sind ideal. Damit man sich an den spitzen Enden nicht verletzt, steckt man Korken darüber.

④ **Plexiglasabdeckung.** Die simpelste Möglichkeit, ein besseres Wachstumsklima für Jungpflanzen und Aussaaten im zeitigen Frühjahr zu erzeugen, besteht aus einer Abdeckung mit einer losen Plexiglasplatte oder Glasplatte. Plexiglas ist leichter, lässt viel mehr UV-Licht an die Pflanzen durch und zerbricht nicht so leicht wie einfaches Glas.

Terrassen-Kräuterbeet aus Stein

Mediterrane Kräuter gedeihen besonders gut, wenn sie in nährstoffarmer, relativ trockener Erde zwischen Steinen wachsen, die nachts die Sonnenwärme des Tages abgeben. Dieses kleine Hochbeet aus Naturstein bietet alles.

① Heben Sie zwischen Terrasse und Beet einen etwa 30–40 cm breiten und 15–20 cm tiefen Graben aus. Mit Splitt gefüllt dient dieser als Unterlage für die erste Reihe der Steine, die im Abstand von etwa 10 cm zum Terrassenbelag verlegt werden. Außerdem kann Wasser, das von der Terrasse abfließt, leicht versickern und staut sich nicht vor der Mauer. Schichten Sie die Steine im Verbund übereinander, also so, dass keine durchlaufenden »Kreuzfugen« entstehen. Sie führen dazu, dass Füllmaterial ausgewaschen werden kann.

Materialliste

- Splitt oder Kies
- Natursteine für die Mauer
- Spaten
- Pflanzerde
- Sand
- Kräuter

Zeitbedarf
- 4–8 Stunden je nach Größe

Extras
- Eine Schub- oder Sackkarre ist beim Transport der Steine und des Splitts hilfreich.

Sind alle Steine aufgeschichtet, wird das Beet mit einem Gemisch aus Pflanzerde und Sand aufgefüllt. Normale Pflanzerde ist für viele Kräuter zu nährstoffhaltig, daher wird sie mit Sand oder feinem Kies abgemagert. Gleichzeitig verbessert der Sand die Wasserabzugfähigkeit und es entstehen keinen nassen Stellen. Staunässe führt schnell zu Wurzelfäulnis.

Zum Abschluss und zur Stabilisierung der Mauer legen Sie einige breitere, flache Decksteine auf die Mauer, die leicht ins Beet hineinragen. So ergibt sich später ein natürlicher Eindruck, wenn die Kräuter eingewachsen sind und die Steine überwuchern.

② Verteilen Sie die Kräutertöpfe erst einmal alle auf dem Beet, um zu sehen, ob für alle die optimale Postion gefunden wurde. So können Sie sie noch versetzen, wenn Ihnen die eine oder andere Pflanzstelle nicht gefällt.

③ Niedrigere und wärmeliebende Kräuter wie Thymian, Oregano und Lavendel kommen in den vorderen Beetbereich, der auch durch die wärmenden Steine etwas trockener ist. Höhere Arten wie Estragon oder Liebstöckel kommen weiter nach hinten.

④ Nach dem Einpflanzen wird gründlich angegossen und dann können Sie Ihre Kräuter erst einmal sich selbst überlassen. Achten Sie in den ersten Wochen auf Unkräuter, die sich ausbreiten können, solange die Kräuter noch nicht dicht an dicht stehen.

Strohballenbeet

Pflanzen benötigen zum Wachsen, Blühen und Fruchten drei Dinge: Licht, Wasser und Nährstoffe – und ein Medium, das ihren Wurzeln Halt gibt. Dieses Prinzip machen sich nicht nur Hydrokulturgärtner seit vielen Jahrzehnten zu Nutze, auch jeder, der seine Pflanzen in einem Substrat auf Torf-, Holzfaser- oder Kokosfaserbasis kultiviert, muss Wasser und Nährstoffe zugeben. Das Substrat dient nur als Lebensraum für die Wurzeln und zur Verankerung. Da durch das Düngen des Strohs bei der Aufdüngung (siehe gegenüber) das Problem der Stickstoff-Fixierung gelöst ist, stellt Stroh eine geniale Alternative zu Torf, Kokos- oder Holzfaser dar.

Materialliste

- Strohballen (Quaderballen, ca. 50 cm × 60 cm × 70 cm und einem Gewicht von etwa 6–8 kg/Ballen)
- organischer oder mineralischer Dünger mit einem N-P-K-Verhältnis von etwa 10-10-10 bis 15-10-10
- Pflanzerde

Zeitbedarf
- 10–20 Tage zur Vorbereitung
- 15 Minuten pro Tag zum Gießen und Düngen während der Vorbereitung

Extras
- Perlschlauch und Anschlüsse für eine automatische Bewässerung

Stroh ist ein nachwachsender Rohstoff, der in fast unbegrenzter Menge anfällt. Außerdem gibt es ihn fast überall in der näheren Umgebung. Dazu kommt: Stroh ist billig. Ein einzelner Ballen kostet nur ein Drittel bis ein Viertel der vergleichbaren Menge Pflanzerde. Und Stroh ist leicht zu transportieren und zu tragen.

Strohballen aufstellen

Die Strohballen werden in Reihen an einer möglichst sonnigen Stelle im Garten aufgestellt. Man platziert sie am besten in Nord-Süd-Richtung, dann bekommen alle Pflanzen gleich viel Licht. Der Abstand zwischen den Reihen sollte etwa 80 cm bis 100 cm betragen, damit man bequem dazwischen durchgehen kann und die Pflanzen, die über den Rand der Ballen wachsen, genug Platz haben.

Wichtig: Die Wasserversorgung
Da Stroh nicht so viel Wasser speichern kann wie normale Blumenerde oder Gartenboden, muss es im Sommer regelmäßig bewässert werden. Ein automatisches Bewässerungssystem mit Tropf- oder Perlschläuchen erspart Gießkannenschleppen oder das Gießen mit dem Gartenschlauch bei Hitze und Trockenheit.

Dünger für Stroh und Pflanzen
Da Stroh fast keine Nährstoffe besitzt, sondern nur trockenes, verholztes Material, ist eine Zugabe von Dünger, vor allem von Stickstoff, notwendig. Diese Nährstoffe sind nicht nur für die

Pflanzen wichtig, sondern auch für die Bakterien und Pilze, die das Stroh nach und nach abbauen. Diese Konditionierung oder Präparierung der Ballen dauert etwa drei Wochen. Erst dann ist der Stickstoffbedarf der Bakterien im Stroh gedeckt, das Stroh leicht angerottet und Sie können mit der Aussaat oder dem Pflanzen von Gemüse und Kräutern beginnen.

① Die Strohballen werden in Reihen im Gemüsegarten aufgestellt. Damit die Wege zwischen den Ballen bei Nässe nicht schlammig und matschig werden, kann der Boden mit einem Unkrautvlies abgedeckt und mit Rindenmulch abgestreut werden. Ein Perlschlauch, der an einen Wasserhahn angeschlossen wird, sorgt im Sommer für eine gleichmäßige Wasserversorgung.

② Zur Düngung wird pro Ballen eine Tasse Volldünger ausgestreut. Der Dünger muss einen hohen Stickstoffgehalt haben.

③ Wichtig ist das Bewässern des Strohs, damit die Bakterien im Stroh den Dünger auch verarbeiten können.

In den ersten zehn Tagen wird dieser Prozess mehrfach wiederholt: Geben Sie jeden zweiten Tag eine halbe Tasse Dünger auf die Ballen, an den anderen Tagen wird nur gewässert. Während dieser Rottephase erhitzt sich das Stroh auf bis zu 40–50° C. Regnet es während der Präparierung, sollten die Ballen mit Folie abgedeckt werden, damit die Nährstoffe nicht ausgewaschen werden. In der dritten Woche wird nur gewässert, dann folgt noch einmal eine Düngergabe, die den Pflanzen zugutekommt.

Fast immer erscheinen während der Konditionierungsphase Schimmelrasen oder kleine Pilze auf der Strohballenoberfläche. Sie sind völlig unbedenklich und können, wenn sie stören, einfach mit der Hand abgestreift werden. Sie sind sogar ein gutes Zeichen, denn sie zeigen, dass der Rotteprozess im Inneren des Ballens in Gang ist. Nach einiger Zeit verschwinden sie von selbst wieder. Weder für die Pflanzen noch für den Gärtner stellen sie eine Gefahr da. Lediglich starke Allergiker sollten im Umgang mit den Ballen etwas Vorsicht walten lassen.

④ Um den Pflanzen oder Sämlingen einen guten Start zu geben, kommt auf das Stroh eine etwa 5 cm dicke Schicht aus Aussaat- oder Pflanzerde.

⑤ Gemüse wie Möhren, Radieschen oder Schnittsalat wird in Reihen oder breitflächig auf den Ballen ausgesät und mit einer dünnen Schicht aus Blumenerde abgedeckt. Danach mit weichem Brausestrahl aus dem Schlauch oder einer Gießkanne angießen.

⑥ Erdbeeren, Kopf- und Pflücksalat, Mangold, Tomaten, Paprika und viele andere Gemüse werden direkt gepflanzt. Formen Sie mit den Fingern ein Loch im Stroh, in das die Jungpflanze gesetzt wird. Anschließend angießen.

Sowohl Sämlinge wie auch Jungpflanzen werden auf Strohballen schneller wachsen als im Gartenboden, da die Bakterien im Stroh immer weiter arbeiten und dabei Wärme erzeugen. Während die Erde im Grundbeet noch kühl und feucht ist, liegt die Temperatur im Strohballenbeet einige Grad Celsius höher.

⑦ Regelmäßige Bewässerung vorausgesetzt, wachsen und gedeihen praktisch alle Gemüse und Kräuter im Stroh. Lediglich ausdauernde Arten wie Artischocken und Rhabarber oder mehrjährige Kräuter wie Liebstöckel, Thymian, Oregano oder Lavendel sind weniger geeignet, da das Stroh nach einer Saison verrottet ist und als wertvoller Humus zur Bodenverbesserung, als Mulch oder zum Abdecken von Beeten im Winter im Garten verteilt wird.

Zusätzlich düngen

Für die meisten Gemüse und Kräuter reicht der Nährstoffvorrat im Stroh zum Wachsen aus. Keine zusätzlichen Düngergaben sind nötig bei allen Kräutern, Salaten wie Kopf- und Schnittsalat, Endivie, Radicchio, Feldsalat, Asia-Salaten und Rucola (Rauke) sowie Blattgemüsen wie Mangold und Spinat. Auch Möhren, Pastinaken, Rettich, Radieschen und Rüben, Erbsen und Bohnen, Zwiebeln, Knoblauch und Porree brauchen nicht viel Dünger und müssen nicht nachgedüngt werden. Eine oder mehrere zusätzliche Düngergaben im Sommer sind bei starkzehrendem Gemüse wie Knollenfenchel und -sellerie sowie Kartoffeln und allen Kohlarten sinnvoll. Fruchtgemüse wie Paprika, Tomaten, Auberginen und Zucchini, das ab Juli laufend neue Früchte bringt, wird regelmäßig nachgedüngt.

Erdbeeren auf Strohballen

Für den Anbau in Strohballen eignen sich Garten- und Monats-Erdbeeren, bei Wald-Erdbeeren ist der Ertrag höher, wenn sie sich als

Unterpflanzung von Beerensträuchern im Garten ausbreiten können.

Erdbeeren brauchen Kälte, um Blütenknospen anzusetzen. Da sie auf Strohballen erst im Frühjahr gepflanzt werden können, behilft man sich mit »Frigo«-Pflanzen. Das sind Erdbeersetzlinge, die im November des Vorjahres in den Vermehrungsbetrieben gerodet wurden und bis zur Pflanzung im April oder Mai bei −2°C in einem künstlichen Winterschlaf gehalten werden. Etwa neun Wochen nach der Pflanzung kann geerntet werden. Mit von Mai bis Juli gepflanzten Frigo-Erdbeeren können Sie also von Anfang Juli bis in den September hinein Erdbeeren ernten.

Hochbeet aus Leimholzbrettern

Dieses Hochbeet aus Leimholzbrettern ist in weniger als einer dreiviertel Stunde aufgebaut.

① Schrauben Sie die kurzen Bretter auf einer ebenen Unterlage mit zwei bis drei Schrauben bündig an die Kanthölzer. Bei weichen Hölzern wie Fichte, Tanne oder Kiefer müssen Sie keine Löcher zum Schrauben vorbohren.

Bereiten Sie die beiden schmalen Seitenelemente komplett vor, indem Sie jeweils die beiden Bretter nebeneinander an die zwei Kanthölzer schrauben. Das überstehende Stück des Kantholzes wird später in die Erde gedrückt.

② Stellen Sie das Seitenteil hochkant und schrauben Sie nun die langen Bretter, die die Seite des Hochbeets bilden, fest.

③ Ziehen Sie die letzten Schrauben fest.

④ Anschließend den Maschendraht am Boden des Beetes fest am Rand festtackern.

⑤ Nun kann das Hochbeet wie eine Kiste umgedreht werden.

⑥ Die Teichfolie wird innen ringsum an der Oberkante mit dem Tacker befestigt.

❀ Vergewissern Sie sich vor dem Baubeginn, dass alles benötigte Material und Werkzeug bereitliegt.

Materialliste

- 4 Leimholzbretter, 40 × 80 cm und 2,5 cm stark
- 4 Leimholzbretter, 40 × 120 cm und 2,5 cm stark
- 4 Kanthölzer 4 × 4 × 90 cm
- Maschendraht 100 × 130 cm
- Teichfolie 0,8 × 4 m (0,5 mm dick)
- 24–32 Spax-Schrauben 40 mm lang
- Akkuschrauber oder Schraubendreher
- Tacker und Klammern

Zeitbedarf
- 45 Minuten

Extras
- Holzlasur bei Bedarf, Pinsel

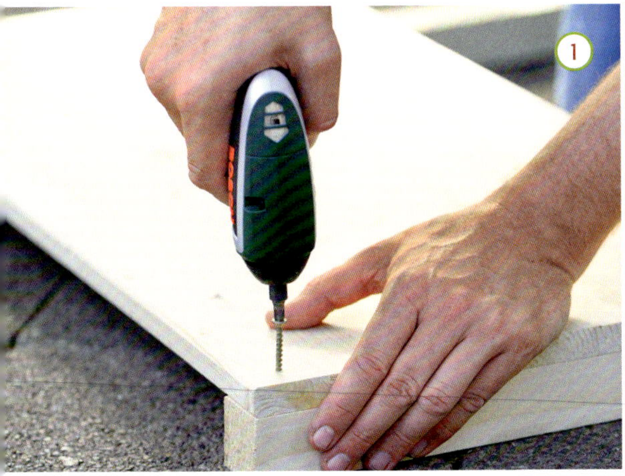
1

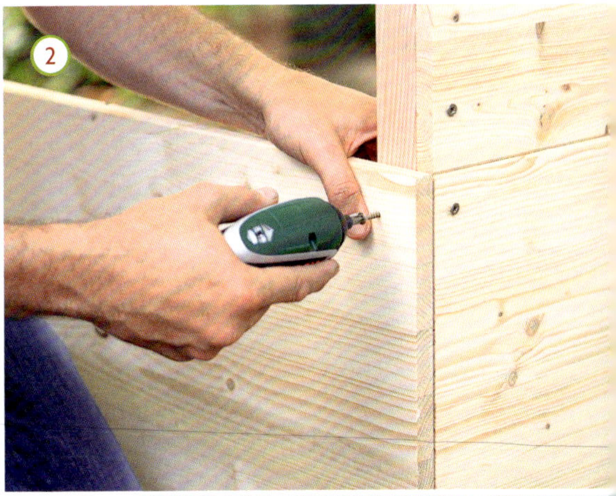
2

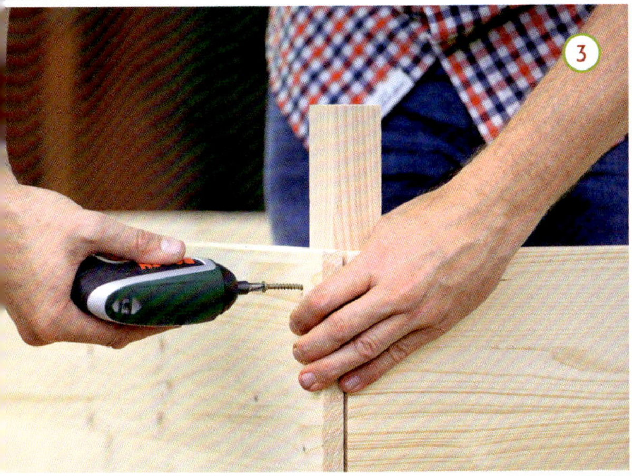
3

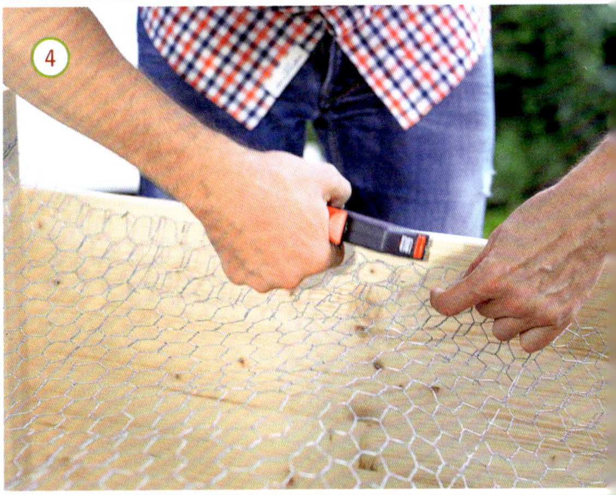
4

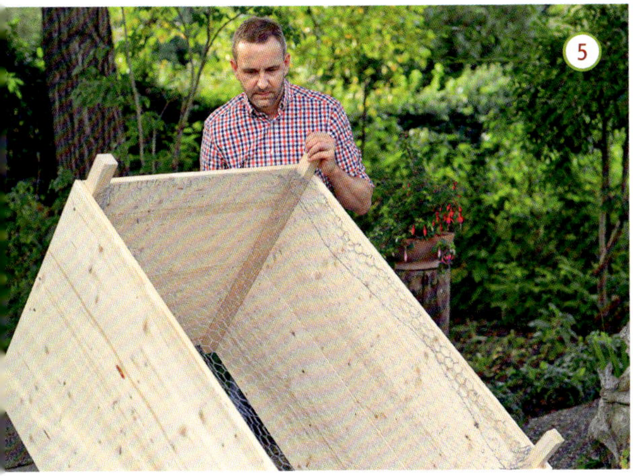
5

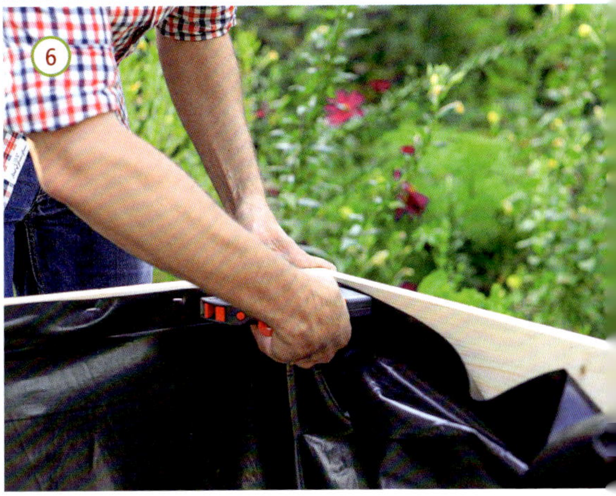
6

Gärtnern im Hochbeet

Gärtnern im Hochbeet hat viele Vorteile. Der wichtigste: Man muss sich nicht mehr bücken, denn die Pflanzen wachsen bequem erreichbar in Hüfthöhe. Außerdem sind Sie unabhängig vom gewachsenen Boden und können z. B. auch Pflanzen anbauen, die normalerweise im Garten nicht wachsen: Heidelbeeren, wenn Sie Kalkboden haben, oder Tomaten, wenn Sie Probleme mit Kraut- und Braunfäule haben. Füllen Sie das Hochbeet dann einfach mit einem geeigneten Pflanzsubstrat, in diesem Fall Moorbeeterde für die Heidelbeeren oder Balkonblumen- bzw. Gemüseerde für die Tomaten, die frei von Krankheitserregern sind. Auch Unkraut ist im Hochbeet kaum ein Problem.

❀ Als unterste Schicht kommen Äste, Zweige und grobe Pflanzenteile ins Hochbeet.

Standort

Wenn Sie im Hochbeet Gemüse und Kräuter anbauen möchten, sollte der Standort so sonnig wie möglich sein – bei weniger als sechs oder sieben Stunden direkter Sonne am Tag kümmern die Pflanzen. Stellen Sie das Beet in Nord-Süd-Richtung auf, dann werden alle Pflanzen gleichmäßig besonnt.

Maschendrahtboden

Ein Boden aus Maschendraht oder Vierkantgeflecht hält Mäuse, Ratten und Wühlmäuse fern, die sich im groben Material der untersten Schicht gerne einnisten. Die Maschenweite sollte etwa einen Zentimeter betragen.

Folienauskleidung

Die Auskleidung der Innenwände mit einer Teichfolie (oder jeder anderen stabilen Folie) verhindert den direkten Kontakt der feuchten Erde mit der Holzwand. So geschützt ,hält die Konstruktion länger, da Pilze und Bakterien das Holz nicht angreifen können. Wenn Sie das Holz mit einer Schutzfarbe oder -lasur streichen, muss diese pflanzenverträglich sein. Normale Lasuren und Holzfarben geben giftige Substanzen ab, die Gemüse und Kräuter ungenießbar machen.

Hochbeet befüllen

Die klassische Füllung eines Hochbeets besteht aus drei bis vier Schichten. Die unterste Schicht, etwa 30–40 cm hoch, besteht aus Ästen, Zweigen, Holzhäckseln und groben, nicht verrotteten Pflanzenteillen. Treten Sie das Material fest, sonst sackt es im Laufe der Zeit zusammen. Diese Schicht dient als Dränage und verhindert, dass sich Wasser im Beet staut. Auf diese Lage kommt bei Bedarf eine Schicht umgedrehter Rasensoden, der anfällt, wenn Sie das Hochbeet auf einer Rasenfläche aufstellen. Wenn Sie keine Soden haben, füllen Sie als Nächstes eine 20–30 cm dicke Schicht Rohkompost, also halbverrottetes Pflanzenmaterial ins Beet. Darüber kommt als Abschluss eine etwa 20 cm starke Schicht aus Pflanzerde oder ein Gemisch aus Gartenerde und feinem, reifem Kompost (Verhältnis 1 : 1), in die dann gesät und gepflanzt wird. Wenn Sie das Hochbeet im Herbst anlegen (wenn am meisten Pflanzenmaterial zum Füllen zur Verfügung steht), sollte es über den Winter mit einer Folie abgedeckt werden, damit die Nährstoffe aus der Füllung nicht ausgewaschen werden.

TIPP

Ein Hochbeet sollte nicht breiter als 1,2 m oder die doppelte Armlänge sein, da sonst die Pflege und Ernte der Pflanzen mühsam ist. Planen Sie bei langen Hochbeetreihen Durchgänge zwischen den Beeten ein, damit Sie nicht unnötig die Reihen auf- und ablaufen müssen. Bei Hochbeeten, die länger als 2 m sind, sollten Sie zur Verstärkung der Seitenwände von innen Holzlatten diagonal an die Bretter schrauben. So verstärkt, wölben sich die Bretter nicht nach außen, wenn von innen schwere Erde dagegendrückt oder sich im Winter beim Gefrieren ausdehnt.

✳ Strohballenbeete sind kleine Intensivstationen für Gemüse und Kräuter. Hier können sie viel dichter wachsen als im traditionellen Gemüsegarten.

Hochbeet aus Europalette

Europaletten sind ein geniales Material zum Bauen von diversen Elementen im Garten. Sie sind stabil, günstig und vielseitig und halten viele Jahre. Dieses Hochbeet misst etwa 120 ×150 cm und ist 80 cm hoch. Wenn Sie das Beet schmaler bauen möchten, können Sie einfach eine oder zwei Paletten für die Stirnseiten mit einer Säge verkürzen.

① Stellen Sie die vier Paletten dort auf, wo das Hochbeet stehen soll. Die Konstruktion ist später so schwer, dass man sie im Gegensatz zu einem Hochbeet aus verhältnismäßig leichten Brettern oder Leimholz (siehe Seite 102) nicht mehr einfach umstellen kann.

② Bei diesem Hochbeet zeigt die Oberseite der Paletten nach außen. Wenn Sie die Paletten andersherum (mit der Außenseite nach innen) aufstellen, können Sie wie ab Seite 112 beschrieben, die Seiten mit Kräutern, kleinen Gemüsen oder Blumen bepflanzen.

Materialliste

- 4 Europaletten (120 × 80 cm)
- 12 Metallwinkel circa 40 mm
- 24–48 Spax-Schrauben 40 mm lang
- Teichfolie oder Abdeckplane für eine Fläche von 4,8 × 0,8 m
- Akkuschrauber oder Schraubendreher

Zeitbedarf
- 45–60 Minuten

③ Metallwinkel sind am praktischsten zur stabilen Verbindung der Paletten in den Ecken. Pro Ecke werden die Paletten oben, in der Mitte und unten verschraubt. Sie müssen pro Winkel nicht durch alle vier Löcher schrauben. Es reicht, wenn Schrauben in die äußeren Löcher geschraubt werden. Wenn Sie nicht möchten, dass die Schrauben an den dünneren Brettern (im Bild durch die Hand verdeckt) durchstoßen, verwenden Sie nicht die 40 mm langen, sondern kürzere (12–15 mm). Spax-Schrauben sind besonders gut geeignet, da sie ein selbstschneidendes Gewinde haben und sich leichter eindrehen lassen.

④ Zum Schluss wird auf der Innenseite der Seitenwände eine Teichfolie oder einer Abdeckplane angetackert, die verhindert, dass die Erde durch die Lücken aus dem Beet fällt. Auch ein stabiles Bändchengewebe wie ein Unkrautschutzvlies ist geeignet.

Wenn Sie in die Schlitze der Außenseite Pflanzen setzen möchten (siehe Seite 117), muss noch ein Vlies im Zwischenraum befestigt werden (am besten geht das, bevor Sie die Paletten aufbauen). In den Zwischenraum, der bei der Palette zum Einschieben der Staplergabel dient, kann nun Pflanzerde gefüllt werden. Durch kleine Schlitze, die in das Vlies zwischen den Spalten geschnitten werden, können Sie dann die Jungpflanzen einsetzen. Die obere Fläche wird normal bepflanzt oder ein passender Pflanzkasten oder eine rechteckige, schmale Kunststoff-Box eingesetzt.

Balkon-Hochbeet

Materialliste

- Hochbeet-Bausatz
- Schraubendreher oder Akkuschrauber
- Blähton als Dränage, Vlies zum Abdecken
- Pflanzerde
- Kräuter oder Salatjungpflanzen
- Bei Bedarf: 2–4 Rollen

Dieses Hochbeet hat den Vorteil, dass es durch sein geringes Volumen nicht zu schwer ist und dank der Rollen auch flexibler von einem Ort zum anderen transportiert werden kann. Normale Hochbeete, selbst kleinere, sind für Balkone nicht geeignet, da sie durch die Füllung zu schwer werden und die zulässige Gesamtlast überschritten wird. Der Raum unter dem Pflanzkasten kann als Ablage für Werkzeug, Töpfe und sonstige Geräte genutzt werden.

① Montieren Sie das Hochbeet nach der Anleitung und stellen Sie sicher, dass alle Schrauben fest angezogen sind.

② Füllen Sie zuerst eine Schicht Blähton als Dränage ein, dann kommt ein Vlies darüber und zum Schluss das Pflanzsubstrat. Es gibt im Gartencenter spezielle, torffreie Hochbeeterde.

③ Jetzt geht's noch ans Bepflanzen. In der lockeren Erde geht das ohne Schaufel. Einfach mit den Händen ein Loch formen, die Pflanze aus dem Topf nehmen, einsetzen und die Erde leicht andrücken.

④ Zum Schluss gut angießen, damit die Pflanzen schnell anwachsen.

Holzschutz

Wenn Sie das Hochbeet vor dem Bepflanzen mit einer wetterfesten Farbe streichen und das Kasteninnere mit einer Folie ausschlagen (Wasserabzug nicht vergessen), haben Sie noch länger Freude daran. Ohne Holzschutz bekommen die Bretter schnell eine silbrige Patina. Selbst wenn Sie wetterfestes Lärchenholz oder Eichenholz verwenden sollten, wird dieses nach spätestens drei bis vier Jahren durch den ständigen Kontakt mit der feuchten Erde morsch und verliert sein attraktives Äußeres. Für ein temporäres Hochbeetvergnügen reichen die gewöhnlichen Fichten- oder Tannenholzbretter, die man im Baumarkt bekommt, aber völlig aus.

✳ Variation gefällig? Mit etwas Geschick lässt sich das Hochbeet auch um eine Sitzfläche erweitern.

Weinkisten auf Rollen

Weinkisten aus Holz eignen sich wunderbar als Pflanzgefäße für Kräuter und Gemüse. Sie müssen nur auf der Unterseite einige Löcher bohren, damit Gieß- und Regenwasser abfließen kann. Mit Rollen auf der Unterseite können Sie Ihre Kistenbeete auf der Terrasse leicht verschieben, außerdem bleibt die Kiste länger stabil, wenn auch von unten Luft ans Holz kommt.

① Schrauben Sie die vier Möbelrollen auf der Unterseite in die Ecken der Kiste. Zwei Schrauben pro Rolle reichen aus. Es macht nichts, wenn die Schrauben innen durch das Holz stoßen, da sie von Erde bedeckt werden.

② Füllen Sie den Kasten mit Pflanzerde. Wichtig sind Wasserabzugslöcher auf dem Boden, damit sich keine Staunässe bildet.

③ Die Kiste kann mit Gemüse oder Kräutern bepflanzt werden – oder wie hier mit Erdbeeren. Die Kiste kann auch als Übergangsquartier für Jungpflanzen dienen, bevor sie im Garten ausgepflanzt werden.

④ Weinkisten werden meist aus Pappel- oder Fichtenholz gezimmert. Nach einer Saison ist das Holz oft morsch und die Kiste kann auf den Kompost. Eine Holzschutzlasur lohnt nicht.

❀ Möbelroller, Schrauben, Akkuschrauber, eine Weinkiste und Pflanzen – fertig ist der mobile Pflanztrog.

Materialliste

- Weinkiste aus Holz
- 4 kleine Möbelrollen
- 8–16 kleine Spax-Schrauben
- Handbohrer oder Bohrmaschine zum Bohren von Wasserabzugslöchern
- Akkuschrauber oder Schraubendreher
- Pflanzerde
- Erdbeer-, Blumen-, Kräuter- oder Gemüsejungpflanzen

Zeitbedarf
- 10–15 Minuten für die Rollen
- 10 Minuten zum Pflanzen

Extras
- Holzfarbe bei Bedarf, Pinsel

Palettenkräuterwand

Vertikales Gärtnern ist voll im Trend. Mit dem hier gezeigten Trick können Sie eine Europalette in ein vertikales Beet für Kräuter und Gemüse verwandeln oder die Außenwände eines Palettenhochbeets bepflanzen.

① Schneiden Sie die Teichfolie in schmale, etwa 15 cm breite Streifen. Die Palette selbst dient dabei zum Abmessen.

② Tackern Sie nun die Folie an die mittlere Längsstrebe der Europalette. Setzen Sie für die Stabilität, und damit später keine Erde herausfällt, die Klammern relativ dicht.

③ Verfahren Sie mit der unteren Längsstrebe genauso. Sie bildet später das obere Pflanzbeet.

④ Der obere Bereich braucht nur mit Folie verschlossen zu werden, wenn die Palette nachher auf einer befestigten Fläche steht. Steht sie direkt auf der Erde, dann wachsen die Pflanzen durch das Substrat in den Boden.

⑤ Drehen Sie nun die Palette um und stellen Sie sie an ihrem zukünftigen Platz auf.

⑥ Anschließend wird je nach Bepflanzung Kräuter-, Gemüse- oder Blumenerde in die entstandenen »Pflanzkästen« eingefüllt und das jeweils ungefähr bis zur Hälfte.

❋ Sogar Tomaten gedeihen in den unteren Fächern einer senkrechten Europalette.

Materialliste

- 1 Europalette
- Messer, Tacker und Klammern
- 2–3 Teichfolienstreifen, ca. 15 × 120 cm
- Blumenerde
- Kräuter

Zeitbedarf
- 30–45 Minuten

Extras
- Bretter oder Bodenspieße zur Stabilisierung bei freiem Stand oder Winkel zur Wandbefestigung

⑦ Nun wird von unten beginnend bepflanzt. Hier gedeihen Kräuter, die nicht ganz so sonnenhungrig sind und mehr Feuchtigkeit brauchen. Ideale Kandidaten sind alle Minzen, Zitronenmelisse, Petersilie, Liebstöckel und Schnittsellerie.

⑧ In die mittlere Etage setzen Sie Schnittlauch, Rucola, Petersilie und Basilikum. Abwechslung schaffen verschiedene Sorten wie krause und glatte Petersilie oder rot-, grün-, groß- und kleinblättriges Basilikum. Auch Estragon und Majoran gedeihen hier gut.

⑨ Im oberen Pflanzkasten, der am meisten Sonne bekommt und relativ schnell ausgetrocknet, fühlen sich mediterrane Kräuter wie Currykraut, Rosmarin, Thymian, Zitronenverbene, Ysop und Salbei wohl, genau wie Oregano und Berg-Bohnenkraut.

Drücken Sie die Kräuter beim Einpflanzen nicht zu fest in die Kästen, damit sich die angetackerte Folie nicht löst. Danach gründlich angießen.

Sicherer Stand

Für einen sicheren Stand der senkrecht gestellten Palette sorgen zwei quer angeschraubte Bretter als Standfüße. Alternativ können Sie die Palette auch mit Metallschuhen, wie sie für Zaun- oder Pergolapfosten verwendet werden, fixieren oder einfach zwei Holzlatten diagonal dagegenstellen. Paletten, die vor einer Wand stehen, sollten mit Winkeleisen befestigt werden, damit sie nicht umkippen. Schützen Sie die Fassade gegebenenfalls mit einer Folie vor Verschmutzung durch das Holz.

✴ Mit solch einer Palettenwand können Sie 15–20 verschiedene Kräuter auf einer Fläche von nur 15 × 120 cm, das sind nicht einmal 0,2 m², anbauen und ernten.

Kräuterfassade

Sie können auch die andere Seite der Palette bepflanzen, indem Sie die Kräuter durch die schmalen Schlitze der Palettenoberseite setzen.

① Tackern Sie Unkrautvlies auf die untere Innenseite der Palette.

② Am Rand wird der Saum umgeschlagen und dicht an der Holzkante festgetackert.

③ Auf der Unterseite wird die Palette komplett mit Teichfolie verschlossen, damit sie später als Pflanzgefäß dienen kann.

④ Schneiden Sie überstehende Folienreste mit einem scharfen Messer ab.

⑤ Nach dem Aufstellen der Palette wird sie etwa 15 cm hoch mit Substrat gefüllt.

⑥ Schneiden Sie von außen mit einem Messer kleine Schlitze in das Vlies.

⑦ Durch die Schlitze werden kleine Kräuterjungpflanzen in die Palettenwand gesetzt. Besonders schnell geht dies, wenn Sie von oben nach innen greifen und den Wurzelballen nach innen ziehen. Dann wird eine weitere Schicht Pflanzsubstrat eingefüllt und die nächste Lage bepflanzt.

⑧ Die einzelnen Etagen werden genauso bepflanzt wie auf der vorigen Seite beschrieben: feuchtigkeitsliebende Kräuter nach unten, trockentolerante Sonnenanbeter nach oben und der Rest in die goldene Mitte.

Regenrinnen-Salatfarm

Materialliste

- Kunststoffregenrinne mit 2 Verschluss-
  stücken für die Enden
- Blumenerde
- Salatjungpflanzen und/oder Kräuter
- Zeitbedarf
- 15 Minuten

Extras
- Säge zum Einkürzen der Rinne
- Handbohrer
- Haken oder Schnur zum Aufhängen
  an der Wand oder an einem Zaun

❋ Bereit zum Pflanzen warten Salate und Kräuter auf ihren neuen Standort in luftiger Höhe.

Waagrecht aufgehängte Regenrinnen aus Kunst-
stoff sind ideal, um an senkrechten Wänden,
Zäunen oder Mauern reihenweise knackige
Salate und aromatische Kräuter zu ziehen.

① Wenn die Rinne zu lang ist, wird sie mit
einer Säge eingekürzt. Anschließend drücken
Sie die Verschlussstücke an die Enden der Rinne in die Vertiefung. Sie rasten von alleine ein
und schließen durch die angeklebte Gummie-
rung dicht ab. Wenn Sie die Rinne an Haken
aufhängen möchten, können Sie auch jetzt
schon Löcher unter den Wulst bohren, durch
den dann der Haken geführt wird.

② Nun wird die Rinne mit Pflanzsubstrat
gefüllt. Nährstoffreiche Beet- und Balkonpflan-
zenerde ist besonders gut geeignet, da sie viel
Feuchtigkeit speichert.

③ Verteilen Sie die Erde gleichmäßig in der
ganzen Rinne.

④ Nun kann bepflanzt werden. Setzen Sie die
Salatjungpflanzen etwas enger als auf dem
Pflanzetikett angegeben, da sie durch das gerin-
gere Erdvolumen nicht so groß wachsen bzw.
früher geerntet werden. Pro Meter Rinne können Sie 6–10 Salate pflanzen. Setzen Sie rot-
und grünblättrige, krause und glatte Pflücksalate
nebeneinander, das sorgt optisch für Abwechslung im Garten und später in der Salatschüssel.
Alternativ können Sie auch Schnittsalat oder
eine Asia-Salatmischung aussäen, die schnell
keimen und geerntet werden können.

⑤ Arbeiten Sie sich Stück für Stück durch die Reihe. Sie können die Salatjungpflanzen auch vorher erst einmal auslegen, um zu sehen, wie viele Sie brauchen und welche Farb- bzw. Sortenkombinationen am schönsten wirken.

Salat wird »hoch« gepflanzt, das heißt, der Pressballen der vorgezogenen Jungpflanze kommt nicht ganz in die Erde. Das »Herz« der Pflanze muss frei bleiben, sonst kann es später zu Fäulnis kommen. Kopfsalate bilden nur lockere oder gar keine Köpfe aus, wenn sie zu tief gepflanzt werden.

⑥ Die fertig bepflanzte Rinne mit verschiedenen Pflück- und Romanasalaten.

⑦ Dies ist eine Variante mit verschiedenen Küchenkräutern zwischen den Salaten, darunter krause und glatte Petersilie, Schnittlauch, Basilikum und Kerbel.

Aufhängen und Pflege

Hängen Sie die Rinnen waagrecht an einem Zaun, einer Mauer oder der Wand eines Gartenhäuschens auf. Ideal ist ein Platz, der morgens und abends Sonne bekommt, aber während der heißen Mittagsstunden leicht beschattet ist. Durch das geringe Erdvolumen muss regelmäßig gewässert werden. Daher bietet sich eine solche Salatfarm eher für das Frühjahr oder den Spätsommer und Herbst an, da dann die Tage noch nicht oder nicht mehr so heiß sind. Im Hochsommer muss bei Hitze zweimal täglich gegossen werden. Wer auch dann nicht auf Salat aus der Regenrinne verzichten will, der sollte sich eine automatische Bewässerung mit kleinen Tropfschläuchen installieren.

Gemüsekindergarten aus Bambus

Materialliste

- Dicke Bambusstangen
  für das Außengerüst 3 Stück à 1 m Länge,
  für die obere Etage Pflanzrinnen 3 Stück
  à 40 cm, für die untere Etage Pflanzrinnen
  3 Stück à 60 cm
- Seil, Säge, Stechbeitel und Handschuhe
- Pflanzerde bzw. Jungpflanzenerde
- Gemüsesaatgut, z. B. Kohlrabi-Samen

Diese Anzuchtmethode bietet mehrere Vorteile:
Die Gemüsejungpflanzen wachsen da heran,
wo sie später ins Beet kommen und müssen
sich nicht an einen neuen Standort anpassen.

✽ Fertig zum Umpflanzen warten diese Kohljung-
pflanzen darauf, ihr Etagenbeet verlassen zu können.

Außerdem können auf kleiner Fläche mehr
Jungpflanzen kultiviert werden wie in Schalen
oder im Beet und wenn Sie die unteren Enden
der Bambusstangen mit Kupferband umwickeln,
haben auch Schnecken keine Chance, an den
Bambusstangen emporzuklettern. Und durch
den erhöhten Standort stehen die Pflanzen luftig und werden weniger von Pilzkrankheiten
befallen. Ganz wichtig: regelmäßig kontrollieren
und gießen.

① Sägen Sie die langen Bambusstäbe mit der
Säge an den unteren Enden schräg an, damit
sie beim Aufstellen leichter in den Boden
gesteckt werden können.

② Verbinden Sie die drei Stangen an den oberen Enden mit einem Stück Schnur, sodass eine
Art Tipi oder Pyramide entsteht.

③ Sägen Sie die kurzen Rohre von einer Seite
zwischen den Knoten zur Hälfte ein.

④ Lösen Sie das Holz vorsichtig (!) mit dem
Steckbeitel. Handschuhe tragen, damit man sich
nicht an scharfen Spreißeln verletzt. Die drei
längeren Stäbe werden mit der Öffnung nach
oben im unteren Drittel der Pyramide mit dem
Seil fixiert.

⑥ Verfahren Sie mit den kürzeren ein Stück
weiter oben genauso.

⑦ Füllen Sie Aussaaterde in die Rohre, säen
Sie die Samen aus, angießen. Fertig.

✺ In luftiger Höhe sind die Jungpflanzen vor gefräßigen Schnecken geschützt, wenn die unteren Enden der Bambus-stangen mit Kupferband umwickelt werden.

Kräutertopfturm

Materialliste

- 1 Blumentopf 30 cm Durchmesser
- 1 Blumentopf 20 cm Durchmesser
- 1 Blumentopf 10 cm Durchmesser
- 2 Blumentöpfe 8 cm Durchmesser
- Kräutererde
- 8 Topfkräuter in kleinen Töpfen

Zeitbedarf

- 20–30 Minuten

Extras

- Untersetzer für den größten Topf

Um auf möglichst kleiner Fläche viele Kräuter anzubauen, brauchen Sie keine Kräuterspirale zu bauen, ein Topfturm erfüllt denselben Zweck. Verwenden Sie normale Blumen- oder Kräutererde, stehen die Töpfe stabiler, wenn sie jeweils auf einem umgedrehten, kleineren Topf stehen. Wenn Sie eine Kräutererde mit einem hohen Anteil an Bims- und Lavagrus fürs Befüllen des Turms verwenden, können Sie auch versuchen, die Töpfe direkt auf eine Schicht Erde zu stellen. Dieses Substrat ist fester und die Töpfe stehen nicht ganz so wackelig wie in weicher Pflanzerde aus Torf oder Holzfasern.

① Stellen Sie einen kleinen Topf kopfüber in den großen, der die unterste Etage des Topfturms bildet. Der Topf muss fest auf dem Boden des großen stehen.

② Nun wird Pflanzerde bis etwa 10 cm unter dem Rand eingefüllt. Mehr ist nicht nötig, da mit den Ballen der Kräuter ja auch noch Erde in den Topfturm kommt.

③ Setzen Sie nun drei oder fünf Kräuter an den Rand des Topfes. Große Ballen müssen Sie in zwei oder drei Stücke teilen, da sonst der nächste Topf nicht mehr hineinpasst.

④ Im untersten Topf finden feuchtigkeitsliebende Kräuter wie krause und glatte Petersilie, Schnittlauch, Sauerampfer, Minze, Basilikum oder Kerbel Platz.

⑤ Stellen Sie nun den nächsten Topf in den Topfturm. Nachdem Sie einen weiteren kleinen Topf umgekehrt hineingestellt haben, wird wieder, wie in Schritt 2, Erde eingefüllt. Diese Etage wird mit Kräutern bepflanzt, die mehr Trockenheit vertragen wie Berg-Bohnennkraut, Currykraut, Thymian, Rosmarin, Lavendel, Ysop oder Oregano.

⑥ Als Letztes kommt ein kleiner Topf mit Thymian oder einem kompakt wachsenden Oregano als krönender Abschluss auf den Topfturm.

Damit die Kräuter gut anwachsen, müssen sie gleich nach dem Pflanzen angegossen werden. Stellen Sie den Topfturm in den ersten Tagen etwas schattiger und nicht in die pralle Sonne. Erst wenn die Pflanzen eingewachsen sind und neue Triebe bilden, kann der Turm an einen vollsonnigen Platz.

Sukkulenten-Topfturm

Materialliste

- Blumentöpfe aus Ton
- Staudenstab
- Stopper für Staudenringe, so viele wie Töpfe
- Pflanzerde
- Verschiedene Sukkulenten wie Fetthennen, Dachwurze oder Hauswurze
- Kabelbinder oder andere Befestigungsmöglichkeit, damit der Stab mit den Töpfen nicht umkippen kann.

An Stäben aufgezogene Töpfe eröffnen unglaublich viele Variationsmöglichkeiten. Damit

---

TIPP

Was tun, wenn …

Nicht jeder Balkon hat über der Brüstung oder den Balkonkästen eine Strebe oder einen Balken, an dem der Stab am oberen Ende fixiert werden kann. In diesem Fall müssen Sie den Stab so lang wählen, dass Sie ihn an der Decke des darüberliegenden Balkons befestigen können. Stäbe mit maximal drei Töpfen können Sie auch in einen anderen, großen Topf stecken, solange der Stab mindestens 30–40 cm fest in der Blumenerde steckt und die Töpfe nicht zu kopflastig bepflanzt sind. Längere Stäbe hätten einen zu hohen Schwerpunkt und kippen mitsamt den Pflanztöpfen um.

---

die Töpfe nicht nach unten rutschen, wird unter jeden Topf ein Stopper aus Gummi auf den Stab gezogen. Diese fertigen Systeme sind als Staudenringe oder Staudenstäbe im Gartenfachhandel erhältlich. In die Stopper kommen normalerweise die Ringe, die bei diesem Projekt aber nicht benötigt werden.

① »Fädeln« Sie die Töpfe abwechselnd mit den Stoppern auf den Stab. Unter jeden Topf kommt ein Stopper, der verhindert, dass der Topf nach unten rutscht.

② Die leeren Töpfe werden gleichmäßig ausgerichtet, indem die Stopper so lange nach oben bzw. nach unten geschoben werden, bis die Abstände passen. Anschließend wird der Stab mit den Töpfen in einen großen Topf oder einen Balkonkasten gesteckt. Dann muss er, damit er nicht umkippt, am oberen Ende an einer Strebe o. Ä. befestigt werden, z. B. mit einem Kabelbinder.

③ Ziehen Sie die Pflanze aus dem Topf und setzen Sie sie in den Tontopf. Bei Bedarf wird vor dem Einsetzen etwas Pflanzerde in den Topf gegeben, bevor die Pflanze hineinkommt. Eine Tonscherbe auf dem Dränageloch ist nicht nötig. Durch den Stab besteht keine Gefahr, dass die Erde ausgewaschen wird.

④ Über dem normalen Balkonkasten scheinen die robusten Dickblattgewächse förmlich zu schweben. Angießen nicht vergessen, bis das Wasser aus den Abzugslöchern sickert.

Multitalent PET-Flasche

Materialliste

- Plastikflaschen
- Scharfes Messer
- Schere
- Pflanzerde
- Schnüre zum Aufhängen oder Rohrklemmen/
  Nägel oder Haken zur Befestigung

PET-Flaschen, also solche aus dem Kunststoff Polyethylenterephthalat, sind billlig, leicht und lassen sich mit Messer und Schere einfach bearbeiten. Perfekt als Pflanzgefäß zum vertikalen Gärtnern, denn sie lassen sich problemlos mit Schnüren übereinander oder nebeneinan-

TIPP

Wenn Sie die Flaschen waagrecht aufhängen möchten wie auf dem Bild auf S. 6/7, lassen sich die Löcher am besten mit einem heißen Metallspieß in den Kunststoff bohren. Dazu einfach einen Spieß über einer Kerzenflamme erhitzen und vorsichtig die Löcher bohren. Größere Löcher für dickere Schnüre lassen sich einfacher aus 3 oder 5 kleinen, nebeneinanderliegenden »zusammensetzen« als mit einem dicken Spieß zu bohren. Da dabei Dämpfe entstehen, die nicht unbedingt gesundheitsförderlich sind, sollten Sie diese Tätigkeit auf jeden Fall im Freien, z. B. auf dem Balkon oder der Terrasse ausführen und nicht in der Wohnung.

der aufhängen. Beim Arrangieren sollten Sie immer die Pflege der Pflanzen und vor allem das Gießen im Auge behalten. Es bringt nichts, eine tolle Pflanzenwand aus Flaschen aufzubauen, um dann festzustellen, dass man die Gefäße nicht mit der Gießkanne erreicht.

① Stechen Sie vorsichtig ein kleines Loch in den oberen Bereich der Flasche.

② Ausgehend von dem ersten Loch wird nun eine Öffnung in die Flasche geschnitten, durch die Substrat und Pflanze eingefüllt bzw. eingesetzt wird. Durch das Loch wird auch gegossen.

③ Füllen Sie die Flasche bis etwa 2 cm unter den unteren Rand der Öffnung mit Substrat. Stellen Sie sie dazu in einen Eimer oder in den Blumenerdesack, dann macht es nichts aus, wenn etwas danebengeht.

④ Die Pflanze – hier eine Salatjungpflanze – wird dann einfach auf das Substrat gesetzt.

An der Farbe des Substrats erkennt man recht schnell, ob gegossen werden muss. Hell bedeutet: Wasser her, dunkles Substrat ist meist noch feucht genug. Es macht übrigens nichts aus, wenn sich nach kurzer Zeit auf der Innenseite Algen bilden. Wen das stört, der muss die untere Hälfte der Flasche mit Farbe lichtundurchlässig machen oder mit einer Papiermanschette abkleben. Letzteres funktioniert nur, wenn die Flaschen im Zimmer hängen, wo keine Feuchtigkeit das Papier auflösen kann.

Variationsmöglichkeiten

Vertikales Gärtnern mit Flaschen aus Kunststoff eröffnet unzählige Möglichkeiten. Die Flaschen können an Schnüren übereinander oder nebeneinander aufgehängt oder, wie im Beispiel unten gezeigt, an Brettern befestigt werden. Dazu werden die Flaschen nicht einfach in der Hälfte durchgeschnitten. Lassen Sie an einer Seite ein Stück Kunststoff überstehen, an dem die Flasche am Brett befestigt werden kann. Mit einem kleinen Bildernagel oder zwei Tackerklammern hält sie sicher an der Unterlage.

Die Flaschen können auch mit dem Verschluss nach unten montiert werden. Dazu wird einfach der Flaschenboden herausgeschnitten und die Pflanze auf dieser Seite eingesetzt. Wenn Sie in die Kappe mit einem Spieß ein paar Löcher bohren und die Flaschen übereinander hängen, tropft überschüssiges Wasser von den oberen Flaschen in die darunterliegenden, die dann weniger gegossen werden müssen. Denkbar ist auch eine Flaschensäule aus mehreren, ineinandergesteckten Gefäßen mit seitlichen Pflanzöffnungen.

Frei hängende Flaschen

Frei aufgehängte Flaschen, egal ob waagrecht oder senkrecht, können am Fensterstock mit einer Schnur fixiert werden. So bleibt der Platz auf der Fensterbank frei und wird nicht zugestellt. Dies geht jedoch nur bei Fenstern, die zum Lüften nicht ganz geöffnet, sondern nur gekippt werden.

✳ Mit Nägeln an Brettern befestigt wird aus einer Kiste alter Sprudelflaschen eine Minzefarm mit vielen unterschiedlichen Sorten dieses aromatischen Krauts.

✹ Hängender Zimmerpflanzengarten mit Erbsen am Band (*Senecio rowleyanus,* oben, links und unten) mit einer Affenschaukel *(Sedum morganianum)* in aufgehängten Wasserflaschen.

Setzkasten zum Stellen und Hängen

Wandbilder aus sukkulenten Steingartenpflanzen lassen sich mit Setzkästen »malen«.

① Bohren Sie mit einem Handbohrer oder der Bohrmaschine Löcher in die Rückwand, damit überschüssiges Wasser abfließen kann.

② Füllen Sie nun die einzelnen Fächer des Setzkastens mit Kakteenerde.

③ Suchen Sie sich kräftige Teilstücke von Dach- oder Hauswurzpflanzen aus. Sie können die Pflanzen einfach mit den Fingern auseinanderziehen und teilen.

❋ Grünes Wandbild: Die kleinen Haus- und Dachwurze im Setzkasten können Sie nach dem Einwurzeln aufhängen.

④ Formen Sie mit dem Zeigefinger ein kleines Loch, in das die Pflanze eingesetzt wird.

⑤ Vorsichtig von den Seiten andrücken, bis die Pflanze nicht mehr wackelt. Setzen Sie gleiche Pflanzen in Gruppen, Reihen oder ganz abwechselnd und kreieren so schöne Muster.

⑥ Zum Schluss wird überschüssige Erde auf den Mittelstegen mit einem Pinsel vorsichtig zur Seite gefegt. Alles angießen und die ersten Tage den Setzkasten an einem halbschattigen Platz aufstellen, bis alle Pflanzen angewachsen sind.

Wenn Sie den Setzkasten aufhängen möchten, sollte vor dem Pflanzen ein Netz über den Kasten gespannt werden, damit die Erde nicht herausfällt. Zum Gießen abnehmen, überbrausen und gut abtropfen lassen, erst dann wieder aufhängen.

Materialliste

- Setzkasten
- sukkulente Gartenpflanzen
- Kakteenerde
- Handbohrer oder Bohrmaschine
- breiter Borstenpinsel

Zeitbedarf
- 20–30 Minuten pro Kasten

Extras
- grobes Netz, Haken oder Aufhänger

Pflanzen für Setzkästen

Zur Bepflanzung von Setzkästen eignen sich alle sukkulenten Steingarten- und Dachbegrünungspflanzen. Sukkulenten haben dickfleischige Blätter, in denen sie Wasser und Nährstoffe speichern und die es ihnen so ermöglichen, Trockenperioden zu überstehen. Bei zu viel Nässe faulen die Wurzeln schnell. Daher schadet es überhaupt nichts, wenn die Pflanzen auch einmal komplett austrocknen. Im Gegenteil: Erst bei Hitze und Trockenheit und in der prallen Sonne werden die Farben der Sukkulenten richtig intensiv und prächtig.

① und ② **Dach- und Hauswurze** wachsen in dichten Rosetten, die grün, gelblich, rötlich oder fast purpurschwarz gefärbt sein können. Aus der Mitte erhebt sich ein bis etwa 30 m hoher Blütenstand, danach stirbt die Rosette ab. Da sie aber viele Tochterpflanzen bilden, ist das nicht weiter störend.

③ **Weiße Fetthenne** wächst auch an halbschattigen oder weniger besonnten Standorten. Die kleinen, dicken Blätter sind hell bläulich grün, in der vollen Sonne färben sie sich manchmal rötlich. Die namensgebenden weißen Blüten erscheinen von Mai bis Juni. Die Sorte 'Coral Carpet' wird wegen der konstant rötlichen Triebe auch Rotmoos-Mauerpfeffer genannt und leuchtet vor allem im Herbst.

④ **Echeverie**. Diese Rosettenpflanze ist nicht winterhart, aber so schön im Wuchs und von gleichmäßiger Form, dass man sie unbedingt ausprobieren sollte. Die Blattfarbe variiert von bläulich türkis bis purpurrot.

⑤ **Scharfer Mauerpfeffer**. Diese Fetthennenart hat kleine, aufrechte Triebe und gelbe Blüten. Die Blättchen können sogar als Gewürz verwendet werden. Sie haben eine leicht scharfe Note, daher auch der Name. Die Sorte 'Yellow Queen' besitzt eine eher fahlgrüne Blattfärbung und gelbe Triebspitzen und sie färbt sich auch nicht in der prallen Sonne ins Rötliche um wie die normale Art.

⑥ **Kaukasus-Fetthenne**. Diese ausläuferbildende Fetthenne ist ideal für den Setzkastenrand, wo sie nach einiger Zeit wie ein langer Bart über den Rand hinauswächst und -hängt. Die Blätter sind grün und die Blüte weiß oder hellrosa. Es gibt viele Sorten, darunter 'Fuldaglut' mit dunkelroten Blättern und 'Fool's Gold' mit grünen Blättern, die ein breiter, weißer, rosa überhauchter Rand ziert.

Weitere Arten

Unter den Fetthennen gibt es noch zahlreiche weitere wunderbare, kleine Sukkulenten wie die Gold-Fetthenne (*Sedum floriferum* 'Weihenstephaner Gold'), die der Kaukasus-Fetthenne ähnelt und ebenfalls lange Ausläufer bildet, aber leuchtend goldgelbe Blüten hat. Auch der Tripmadam, ebenfalls zur Gattung der Fetthennen gehörend, hat gelbe Blüten, die etwa 20 cm hoch werden. Für einen Setzkasten im Schatten, der nicht so schnell austrocknet ,eignen sich die kleinen, rosettenbildenden Steinbrecharten wie der Moos-Steinbrech, von dem es weiß und rot blühende Sorten gibt, der Becher-Steinbrech oder das nostalgische Porzellanblümchen mit seinen zarten, rosa Blütenständen.

Pflanzgefäß aus Beton

Beton liegt voll im Trend! Nicht nur beim Bauen weiß man das flexible Material zu schätzen. Im Garten kommt es beispielsweise bei Mauern und Fundamenten zum Einsatz, jedoch können auch Pflanzgefäße in jeder beliebigen Form aus Beton hergestellt werden.

① Kleiden Sie eine Holz- oder Obstkiste innen mit Pappe oder Karton aus, damit der Pflanztrog später keine Ausbuchtungen oder Wülste auf der Außenseite bekommt. Wenn Sie eine geschlossene Kiste verwenden, brauchen Sie natürlich keine zusätzliche Pappe.

Materialliste

- Obstkiste, Pappe und Karton
- Ziegelsteine zum Beschweren
- Plastikfolie oder Mülltüte
- grober Sand
- Zementmörtel
- Wanne oder Schubkarre und Kelle
- Gummihandschuhe
- Korken
- Plane zum Unterlegen
- Drahtbürste

Zeitbedarf
- 2 Stunden zum Gießen
- 1–2 Tage zum Aushärten

Extras
- Holzfasern oder Weißtorf

② Eine Plastikfolie (eine aufgeschnittene Mülltüte reicht völlig) verhindert, dass der Beton am Karton oder am Holz kleben bleibt.

③ Mischen Sie Sand und schnell abbindenden Zement in einer Wanne oder Schubkarre. Das Mischungsverhältnis sollte bei 1 Teil Mörtelzement auf 4 Teile Sand liegen. Sind Sand und Mörtel gut vermischt, kommt Wasser dazu. Als Faustregel gilt: Pro Kilo Zement (nicht das Zement-Sand-Gemsich) braucht man etwa einen halben Liter Wasser. Nach Bedarf etwas mehr oder weniger zugeben. Ist die Masse zu flüssig, kommt noch Sand dazu, ist sie zu fest, noch etwas Wasser. Handschuhe tragen!

Wenn Sie zur Zementmischung noch Weißtorf oder Holzfasern geben, wird die Pflanztrogwand porös und später schnell von Flechten und Moos überzogen.

④ Füllen Sie eine etwa 4 cm dicke Schicht Zement in die Kiste. Damit später Wasser aus dem Trog abfließen kann, kommt ein Korken als Platzhalter für das Abzugsloch auf den Boden.

⑤ Ein mit Plastikfolie umwickelter und mit Ziegeln beschwerter Karton dient als Platzhalter für das künftige Topfinnere. Füllen Sie nun den restlichen Zement ein, bis die Oberkante bündig mit der Kante des Kartons abschließt.

⑥ Nach ein bis zwei Tagen ist der Beton ausgehärtet (er hat abgebunden) und Sie können den Pflanztrog aus der Schalung kippen.

① Nachdem die Folie oder Plastiktüte vom Pflanztrog abgezogen wurde, können die Kanten und Oberflächen noch mit einer Drahtbürste geglättet werden, um dem Ganzen ein natürlicheres Aussehen zu geben.

② Die Tröge können mit einer Vielzahl an Pflanzen bestückt werden – in diesem Fall mit einer Herbstkombination aus Mühlenbeckie, Heidekraut, weißen Astern sowie weißen und rosafarbenen Alpenveilchen.

③ Seien Sie kreativ! Beton lässt sich in viele Formen gießen – das können auch Backformen, wie hier für Guglhupfkuchen, sein. Bepflanzt werden sie mit kleinen Sukkulenten wie Haus- und Dachwurz, Fetthenne oder Steinbrech, die wenig Substrat brauchen.

Naturstein-Imitate

Pflanzgefäße aus Torf- oder Holzfaserbeton sind von viel teurerem Naturstein kaum zu unterscheiden. Wenn Sie beim Bauen statt Sand das leichte Perlite verwenden, sind die Tröge oder Kübel zudem deutlich leichter und einfacher zu transportieren. Beim Bauen gehen Sie wie oben beschrieben vor. Mischen Sie Zement, Holzfasern (oder Weißtorf) und Perlite zu gleichen Teilen in einer Wanne oder Schubkarre zusammen, dann Wasser zugeben, bis eine formbare Masse entsteht. Unbedingt feste Handschuhe mit langen Stulpen tragen, denn der Zement ist alkalisch und führt bei direktem Hautkontakt zu Reizungen oder sogar Verätzungen, solange er noch nicht ausgehärtet ist. Für runde Gefäße

verwenden Sie zwei unterschiedlich große
Eimer als Form, für rechteckige eignen sich
Mörtelwannen oder eine Holz- bzw. Obstkiste.

Überschlagen Sie vor dem Ansetzen der Beton-
masse, wie viel Sie ungefähr brauchen, denn
überschüssiger Beton härtet über Nacht aus
und kann nicht weiterverarbeitet werden. Wenn
Sie zu wenig vorbereitet haben, wird es schwierig, genau dasselbe Mischungsverhältnis und
dieselbe Konsistenz ein zweites Mal zu erzeugen. Man erkennt die unterschiedliche Material-
zusammensetzung später beim Kübel.

Das Material ist nach etwa zwei bis drei Tagen
ausgehärtet und kann mit einer Drahtbürste,
mit Bohrer oder Beitel noch weiter bearbeitet
werden. Denkbar sind Muster, Rillen oder
Löcher in den Seitenwänden, die ebenfalls
bepflanzt werden können.

Perlite

Perlite ist ein vulkanisches Gestein, das auf
etwa 1000° C erhitzt wird, sich dabei wie Pop-
corn ausgedehnt und sein Volumen auf das
etwa Zwanzigfache vergrößert. Ein Liter Perlite
wiegt nur etwa 9 g. Zum Vergleich: Sand oder
feiner Kies bringen mit 1,8–2,5 kg/L ein Vielfa-
ches auf die Waage.

Einfärben

Zum Einfärben des Zements sind nur spezielle
Oxyd-Pigmente geeignet, die dem stark basi-
schen Milieu im Zement standhalten. Achten
Sie beim Kauf mineralischer Pigmente auf den
Zusatz »zementverträglich« oder »betonecht«.

Farbtöne wie Gelb, Grün oder Rot lassen sich
am einfachsten herstellen und sind günstiger.
Betonfarben gibt es auch in flüssiger Form.

Patina erzeugen

Mit einer Drahtbürste werden nach dem Aushärten Holzfaser- oder Torfreste von der Oberfläche gekratzt. So ähnelt die Struktur mehr
einem alten Naturstein. Damit das Gefäß noch
schneller eine schöne Patina bekommt, hilt ein
alter Gärtnertrick. Streichen Sie das Gefäß
außen mit Buttermilch oder Naturjoghurt ein
und stellen es in den Schatten. So wird die
Oberfläche schneller von Algen, Moos und
Flechten überzogen und das Gefäß sieht schon
nach wenigen Wochen aus, als ob es viele Jahre alt ist.

Der letzte Schliff

Ein schöner Boden, bequeme Möbel, prächtige Blumen, aromatische Kräuter oder knackige Balkongemüse – ein bisschen Deko dazu kann nicht schaden und verleiht Ihrem Balkon, der Terrasse oder dem Garten den letzten Schliff. Und wenn die Deko auch noch praktisch ist und (fast) umsonst – umso besser!

Lichterketten-Rankspalier

Materialliste

- Rankspalier oder -gitter
- Lichterkette (für den Einsatz im Freien)

Warum schmückt man den Balkon eigentlich nur im Winter mit einer Lichterkette? Viel schöner wäre es doch, ihn im Sommer, wenn man ihn wirklich nutzt, abends mit einem angenehmen Licht zu inszenieren. Die Auswahl an Lichterketten ist riesig. Am schönsten sind solche mit warmweiß leuchtenden LEDs. Blau- oder kaltweißes Licht wirkt kühl und auf Dauer unangenehm. Achten Sie beim Kauf der Lichterkette

TIPP

Wenn Sie noch keine Lichterkette haben, soltlen Sie das Spalier vorher grob ausmessen, also die Länge aller Stäbe und Streben addieren. Dazu kommt noch ein Zuschlag von ca. 20 %, dann bekommen Sie die Gesamtlänge der Lichterkette, die Sie brauchen. Nichts ist ärgerlicher, als auf halber Strecke beim Umwickeln festzustellen, dass die Kette zu kurz ist. Ist die Kette zu lang, können Sie sie einfach noch ein paar mal zurückwickeln und bekommen so eben ein etwas heller strahlendes Rankspalier. Bei größeren Spalieren ist es in der Handhabung einfacher, zwei etwas kürzere Ketten zu verwenden als eine sehr lange.

darauf, dass sie lang genug ist (aber nicht zu lang), und sie muss für den Einsatz im Freien zugelassen sein. Dieses Projekt ist ideal für den Spätwinter, wenn die Weihnachts-Deko abgebaut wird und die Kübel noch nicht bepflanzt sind. Im Frühjahr kann das Lichterketten-Spalier dann mit Kletterpflanzen begrünt werden und taucht den Balkon abends in eine märchenhafte Atmosphäre.

① Nehmen Sie das Spalier von der Wand und wickeln Sie die Lichterkette in mehr oder weniger engen Schlingen um das Rankgerüst. Umwickeln Sie erst nacheinander alle senkrechten und dann alle waagrechten Streben.

② Achten Sie darauf, dass Sie jeden Holm bzw. jedes »Gitterfenster« des Rankgerüstes immer gleichmäßig mit derselben Anzahl an Schlingungen umwickeln.

③ Fertig ist das Lichterketten-Rankspalier, das den Balkon abends in ein warmes Licht taucht.

Weitere Beleuchtungsmöglichkeiten

Nicht nur Lichterketten können als Stimmungsbeleuchtung des Balkons eingesetzt werden. Es gibt im Handel viele verschiedene Solarlampen, die in die Balkonkästen zwischen die Pflanzen gesteckt werden können oder die als Lichteroder Lampionketten an Balustraden oder Balkonstreben befestigt werden können. Sie kommen auch ohne Stromanschluss aus und können das ganze Jahr im Freien bleiben.

Windlicht & Kerzenhalter

Materialliste

- Tontöpfe
- Bleistift
- Trennschleifer bzw. ein Multifunktionswerkzeug wie der Dremel®
- Schutzbrille
- Schürze oder alte Kleidung
- Arbeitsunterlage
- Bei Bedarf: alte Feile

Mit einem Trennschleifer lassen sich relativ einfach kleine Formen in alte Tontöpfe schneiden. Arbeiten Sie auf jeden Fall im Freien, da es ganz

TIPP

Statt als Kerzenhalter oder Windlicht lassen sich mit Ausschnitten versehene Tontöpfe auch als Lampenschirme verwenden. Fädeln Sie dazu einfach eine Glühbirnenfassung mit Kabel durch das Wasserabzugsloch. Diese kann dann – wenn Sie einen Stromanschluss auf dem Balkon haben oder mittels eines Verlängerungskabels – angeschlossen werden. Beachten Sie aber, dass Sie nur Kabel und Fassungen verwenden, die für den Einsatz im Freien zugelassen sind, also solche mit Nässe- bzw. Feuchtigkeitsschutz. Normale Fassungen, wie sie für die Wohnung als Deckenlampe erhältlich sind, eignen sich nicht!

schön staubig wird. Ebenso sollte das Wetter mitspielen: Warm und trocken ist am besten, denn der feine Tonstaub kann dann einfach weggefegt oder gesaugt werden. Mit ein bisschen Übung können Sie viele Formen in die Töpfe schneiden. Besonders schön sind natürliche Umrisse. Verwenden Sie doch einmal verschiedene Blätter, beispielsweise von Fächer-Ahorn, Lenzrose oder Funkie, als Schablone. Auch einfache Schlitze, die sich zu einem geometrischen Muster verbinden, sind schön.

① Zeichnen Sie mit einem Bleistift die Formen, die Sie in die Wand schneiden möchten, auf den Topf auf. Gerade Schnitte sind einfacher und ideal, um die Technik zu üben. Wenn Sie dann routinierter sind, können Sie sich mit entsprechenden Werkzeugaufsätzen auch an runde und geschwungene Formen wagen.

② Schneiden Sie die Form nach und nach aus. Gehen Sie dabei so vor, dass Sie erst die ganze Form anschneiden und dann die Schnitte schrittweise vertiefen. Wenn Sie die Topfwand an einer Stelle komplett durchtrennen, besteht die Gefahr, dass die Form an einer anderen Stelle ausbricht. Bei Bedarf können Sie scharfe Grate mit einer Feile oder einem entsprechenden Aufsatz noch nachglätten.

③ Mit einer dicken Stumpenkerze oder einem Teelicht bestückt, wird Ihr Balkon abends in ein warmes Licht getaucht. Lassen Sie Kerzen und offenes Feuer niemals unbeaufsichtigt und auch nicht einfach ausbrennen.

Aus alt mach neu – Upcycling

Materialien

- Alte Töpfe
- Nudelsiebe
- Emailleschüsseln
- Eimer
- Gummistiefel
- … und dergleichen.

Sie brauchen neue Blumentöpfe? Stöbern Sie doch einfach mal über einen Flohmarkt oder in Ihrem eigenen Keller. Alte Töpfe, Eimer und Schüsseln, Dosen oder Plastiktassen und -becher lassen sich einfach so oder mit etwas Lack und Farbe aufgefrischt in neue Pflanzgefäße verwandeln. So bleibt viel mehr Budget für Samen, Pflanzen und Blumenzwiebeln!

Bepflanzte Schuhe

Alte Gummistiefel oder Gartenschuhe lassen sich in witzige Pflanzgefäße verwandeln. Bohren Sie in die Sohle ein paar Löcher, damit keine Staunässe entstehen kann. Anschließend kommt ewas Blähton als Dränage in den Schuh und dann die Blumenerde mit den Pflanzen. Hohe Stiefel können auch an den Seiten bepflanzt werden, wenn Sie Löcher oder Schlitze in den Schaft schneiden. Übrigens sind Lederschuhe nicht besonders gut als Pflanzgefäß geeignet, auch wenn man das oft auf Bildern in Gartenmagazinen sieht. Das Leder fängt durch die Feuchtigkeit an zu faulen und zu schimmeln und sieht nach kurzer Zeit alles andere als attraktiv aus.

Eimer, Dosen, alte Töpfe

Emaillierte Metallgefäße sind ideal als Pflanzgefäße verwendbar, da das Metall durch die Feuchtigkeit nicht korridieren (rosten) kann. Auch verzinkte Gefäße halten lange, allerdings kann es vorkommen, dass sich pflanzenwachstumshemmende Stoffe aus der Verzinkung lösen, und daher sollten solche Gefäße nur als Übertopf verwendet werden.

TIPP

Stellen Sie Metalltöpfe und Gefäße nicht direkt auf den Balkonboden, sondern immer in einen passenden Untersetzer oder auf kleine Blöcke oder Topffüßchen. Rostflecken, die vom Metall auf Fliesen, Beton oder Holz abfärben, lassen sich später nicht mehr entfernen.

Dränage nicht vergessen

Egal, für welche Gefäße Sie sich entscheiden, irgenwo muss überschüssiges Gieß- oder Regenwasser ablaufen können. Alte Nudelsiebe haben schon Löcher, in Eimer, Töpfe oder große Dosen müssen Sie noch Löcher bohren oder mit einem Hammer und einem Nagel schlagen.

✹ Wasserabzugslöcher inklusive: Dieses mit Hornveilchen bepflanzte Aluminium-Sieb hat in der Küche ausgedient. Auf dem Balkon erfüllt es nun einen ganz anderen Zweck als Pflanzgefäß.

Dosen an die Wand!

Upcycling statt recyceln! Eine simple, aber geniale Möglichkeit, triste Wände zu verschönern und zu begrünen, ist, sie mit recycelten Dosen zu versehen. Viele Konservendosen sind viel zu schade für den Gelben Sack oder die Recyclingtonne.

Pur oder aufgepeppt?

Dosen haben viele Vorteile: Sie sind leicht, lassen sich einfach bearbeiten – einen Dosenöffner und einen Spieß hat jeder im Haushalt – und sie sind umsonst. Bedruckte Dosen wie die großen Olivenölkanister bleiben einfach so, wie sie sind. Sie sind schon Deko genug. Konser-

vendosen, die mit einem Papieretikett versehen sind, sollten jedoch eine kleine Extrabehandlung erfahren. Schon allein deswegen, weil sich das Papier durch Feuchtigkeit ohnehin ablöst und schon nach kurzer Zeit nicht mehr schön aussieht. Auf jeden Fall sollten Sie bei allen Dosen die Ränder, an denen der Deckel entfernt wurde, mit einer Feile glätten, damit keine scharfen Grate stehen bleiben, an denen man sich verletzten kann.

Dosen bekleben und bemalen

① Ziehen Sie das Papier von der Dose ab. Wenn es sich nicht von alleine löst, können Sie die Dose eine Zeit in warmem Wasser einweichen, um den Papierleim zu lösen. Das Papier

✸ Alte Konservendosen lassen sich vielfältig verschönern – beispielsweise mit einem Farbanstrich. Dazu wird die Folie oder das Papier vorher entfernt.

fällt meist von alleine ab. Wenn Sie alte Lack- oder Farbdosen verwenden, müssen diese komplett austrocknen, bevor sie als Pflanzen- übertopf verwendet werden können.

② Spülen Sie die Dose mit Spülmittel aus. Wenn Sie sie bemalen möchten, muss der Untergrund sauber und fettfrei sein. Statt Farbe können Sie auch buntes Klebeband verwenden und der Dose einen Ringel-Look verpassen.

③ Nach dem Trocknen können Sie die Dose mit Bastelfarbe verschönern.

④ Bohren Sie zum Schluss mit einem Spieß noch ein Loch in die Rückwand, oben am Rand. Durch das Loch kann ein Draht zum Aufhängen gefädelt oder ein Haken gesteckt werden.

Pflanzen einsetzen

Die Pflanzen können mit ihren Kunststofftöpfen in die Dosen gesetzt und müssen nicht umge- topft werden. Wenn die Pflanzen in den Dosen Regen abbekommen, müssen auf der Dosenun- terseite ein paar Löcher eingestochen werden, durch die überschüssiges Wasser abfließen kann. Da die Dosen aber meist an einer ge- schützten Wand am Balkon, in einer Loggia oder unter einem Vordach aufgehängt werden, ist das selten nötig. Ganz wichtig: Wenn Sie alte Farb- dosen verwenden, sollten Sie keine essbaren Pflanzen wie Kräuter in die Dosen setzen, denn es kann sein, dass sich noch chemische Verbin- dungen aus den Lackresten lösen und in das Substrat und in die Pflanzen gelangen. Bei Zier- pflanzen spielt das keine Rolle.

✱ Mit einem Haken oder einer Öse werden die bepflanzten Dosen an der Wand befestigt.

Besteckmobile

Materialliste

- Jede Menge altes versilbertes Besteck
- Bohrmaschine und Metallbohrer
- Flach- und Rundzange
- Basteldraht oder Nylonschnur
- Schutzbrille
- Arbeitsunterlage oder alte Zeitung
- Bei Bedarf: Perlen, Federn, Muscheln etc.

Dieses Besteckmobile ersetzt jedes gekaufte Windspiel. Das Besteck bekommen Sie am besten auf einem Floh- oder Trödelmarkt. Altes Silberbesteck ist dazu ideal, es muss natürlich kein Sterling sein, versilberte Messer, Gabeln und

Löffel reichen völlig aus. Edelstahlbesteck ist nicht geeignet, da es sich kaum bohren lässt. Tragen Sie beim Bohren unbedingt eine Schutzbrille, denn die Metallspäne sind sehr scharf. Nach dem Bohren den Balkon gründlich fegen oder noch besser mit dem Staubsauger alle Metallspäne entfernen, bevor man wieder barfuß läuft. Noch ein Tipp: Kaufen Sie mehr Besteckteile, als sie für das Mobile brauchen. Manche Teile haben einen so harten Metallkern unter der Versilberung, dass das Bohren fast unmöglich ist. Auch kann es passieren, dass die Zinken der Gabeln beim Biegen brechen.

① Legen Sie Besteckteile über eine abgedeckte Tisch- oder Arbeitsplattenkante. Vorsichtig (!) den Bohrer ansetzen und langsam ein Loch in den Griff bohren. Messerklingen lassen sich **nicht** bohren! Läuft die Bohrmaschine zu schnell, besteht die Gefahr, dass der Bohrer abrutscht und Sie sich verletzen.

② Die Zinken einer Gabel mit der Zange umbiegen, zwei nach links, zwei nach rechts, oder auch fächerförmig.

③ Die Zinkenenden hakenförmig umbiegen.

④ Feinen Basteldraht um die Zinkenenden wickeln und verzwirbeln. Das geht mit einer Rundzange am besten. Daran dann die anderen Teile aufhängen. Auf die Schnüre können Sie zur Verschönerung noch Perlen, Glassteine, Federn oder Muscheln auffädeln.

✴ Einfach, aber klangvoll: Das Windspiel aus altem Besteck passt perfekt auf den Shabby-Chic-Balkon.

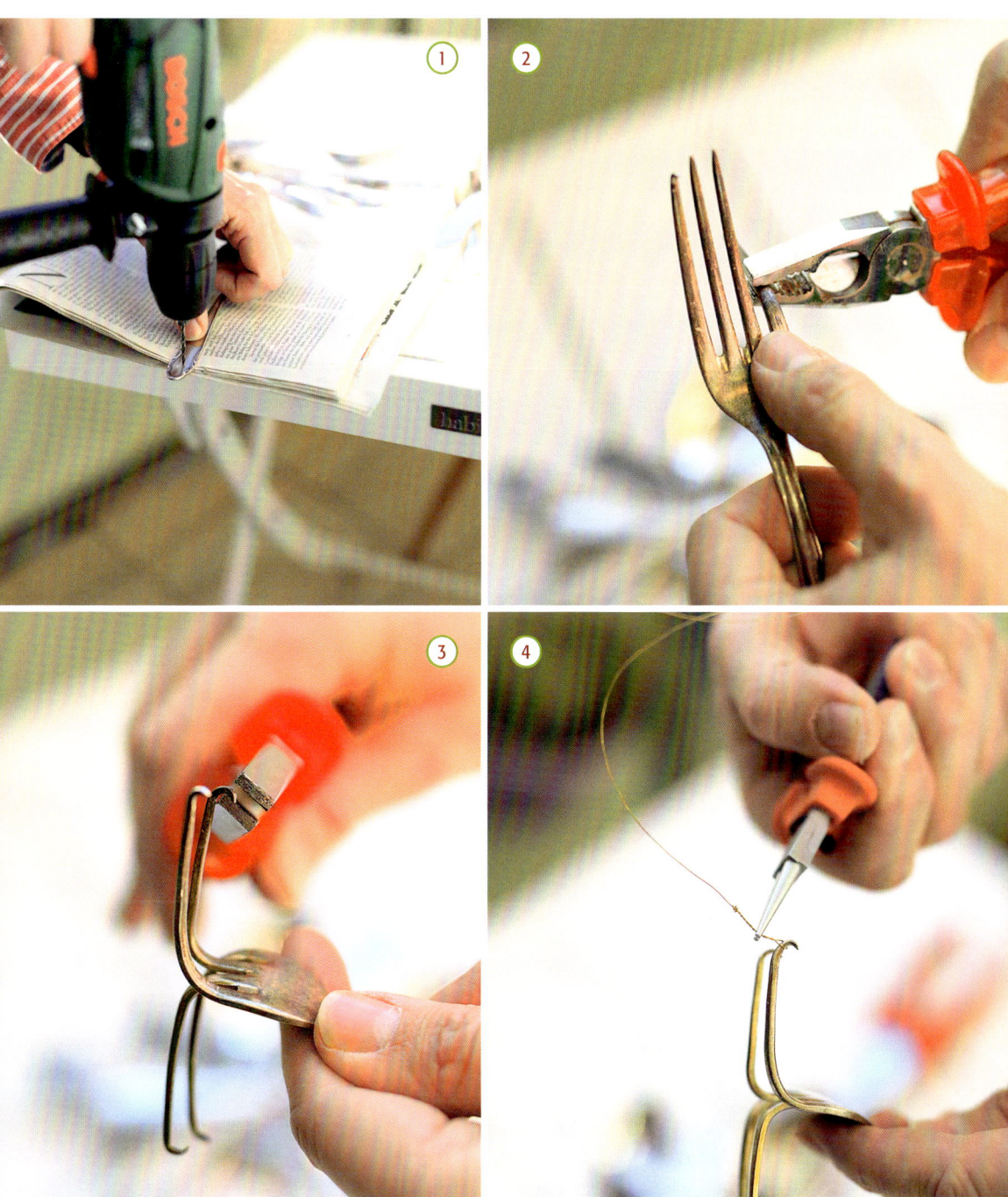

Vogelbauer-Ampel

Materialliste

- Alter Vogelkäfig oder ein neueres Modell im Shabby-Chic-Style
- Ampelpflanze(n)
- Kette, Haken und Draht zum Aufhängen

Kleine quadratische oder runde Vogelkäfige mögen zwar hübsch aussehen, sind aber für die Haltung von Gefiederten gänzlich ungeeignet. Wer heute Vögel artgerecht halten möchte, bietet ihnen eine großräumige Voliere, in denen sie nicht nur von Stange zu Stange hüpfen, sondern ganze Strecken fliegen können. Sie können aber ausgedienten alten Vogelbauern oder neuen Flohmarktfunden ein zweites »Leben« geben, indem Sie sie als Blumenampel umfunktionieren. Im späten Frühjahr nach den Eisheiligen Mitte Mai mit klassischen Balkonblumen oder Ampelpflanzen bestückt, werden sie den ganzen Sommer bis in den Herbst zur Zierde auf Balkon und Terrasse. Die Pflanzen werden in passenden Pflanzschalen oder -gefäßen auf dem Käfigboden platziert oder direkt »in den Käfig« gesetzt, wenn dieser einen einigermaßen dichten Untersatz hat.

Top 10 Ampelpflanzen

- **Blaues Gänseblümchen** (*Brachyscome*) mit kleinen dunkelvioletten Blüten mit gelber Mitte. Halbschattig bis sonnig.
- **Elfenspiegel** (*Nemesia*) in Weiß, Rosa, Rot, Orange und Gelb. Sonnig bis halbschattig.
- **Elfensporn** (*Diascia*) blüht rosa, apricot und rötlich. Sonnig bis halbschattig.
- **Fächerblume** (*Scaevola*) in Blau oder Weiß. Volle Sonne.
- **Fleißiges Lieschen** (*Impatiens*) in Weiß, Rosa, Rot und Creme, auch gefüllt. Halbschatten bis Schatten.
- **Hänge-Pelargonie** (*Pelargonium*) in unzähligen Farben (außer Blau) und Formen. Sonne.
- **Männertreu** (*Lobelia*) blüht blau, violett, rosa oder weiß. Volle Sonne bis Halbschatten.
- **Petunie/Surfinie** (*Petunia*) in vielen Farben. Achten Sie auf regenfeste Sorten. Sonne.
- **Portulakröschen** (*Portulaca*) blüht in allen Farben. Verträgt Trockenheit. Sonne.
- **Zauberglöckchen** (*Calibrachoa*) erinnern an Miniatur-Petunien, sind aber robuster.

❋ Auf Flohmärkten finden Sie eine große Auswahl an alten oder auf alt gemachten Vogelkäfigen.

❋ Polster-Phlox ist ein perfekter Kandidat als Ampelpflanze. Er blüht lange und verträgt Hitze und Trockenheit. Dennoch sollten Sie täglich kontrollieren, ob gegossen werden muss.

Treibholz-Terrakotta-Ampel

Materialliste

- Ast (ohne Rinde) oder Treibholz
- Akkubohrer bzw. Akkuschrauber
- Schraubhaken
- Schraube mit Unterlegscheibe
- Flacher Blumentopf aus Ton
- Kette oder Schnur zum Aufhängen
- Pflanzerde
- Kräuter oder andere Ampelpflanzen

❋ Mediterranes Trio in luftiger Höhe: Rosmarin, Basilikum und Thymian in der Treibholz-Terrakotta-Ampel.

Diese rustikale Blumenampel aus einem Ast oder Treibholz und einem alten Blumentopf ist in Nullkommanix selbst gebaut. Als Holz eignen sich am besten Robinien-, Wacholder- oder Eichenäste, da sie lange halten und nicht so schnell morsch werden. Zur Bepflanzung eignen sich alle Ampelpflanzen, in unserem Beispiel haben wir mediterrane Kräuter verwendet. Sie haben den Vorteil, dass sie mit relativ wenig Wasser auskommen und es nicht übel nehmen, wenn sie einmal etwas austrocknen. Selbst das auf den ersten Bilck zarte Basilikum ist recht robust und richtet sich schnell wieder auf. Kontrollieren Sie die Aufhängung regelmäßig. Es ist wichtig, dass die Schraube sicher und fest im Holz sitzt und sich nicht löst, sonst fällt die gesamte Konstruktion auf den Boden.

① Bohren Sie mit dem Akkubohrer ein Loch in die beiden Enden des Aststücks.

② Stecken Sie eine Schraube durch die Unterlegscheibe und in das Wasserabzugsloch des Topfes. Halten Sie den Ast von der Innenseite dagegen und fixieren Sie ihn mit der Schraube.

③ An dem anderen Ende wird der Schraubhaken befestigt, an dem die Ampel später an der Kette oder einem Seil aufgehängt werden kann.

④ Fertig zum Bepflanzen. Sie können die Töpfe auch leer lassen und zur Aufbewahrung von Kleingeräten und Werkzeug wie einer Schere verwenden und immer griffbereit aufhängen – so wie im Bild links neben der Ampel.

Sky Planter

Materialliste

- Sky Planter von Boskke
- Kletter-Philodendron, Farn oder kleine Orchidee *(Phalaenopsis)*
- Bei Bedarf Dübel für den Schraubhaken zum Aufhängen an der Decke

Dieser umgedreht aufgehängte Blumentopf ist perfekt, wenn Sie zwar Fenster, aber keinen Platz auf der Fensterbank haben.

✳ *Philodendron scandens* wächst in jede Richtung, auch kopfüber nach unten.

① Ziehen Sie die Pflanze vorsichtig aus dem Topf. Sie kommt mit der normalen Blumenerde in den Sky Planter. Ein spezielles Substrat ist nur für Spezialisten wie Orchideen nötig.
② Damit das Pflanzsubstrat nicht herausfällt, wird das mitgelieferte Netz um den Ballen gelegt.
③ Setzen Sie die Pflanze in den Topf und drücken Sie das Netz unter den Rand.
④ Als Letztes wird noch der Verschlussring eingesetzt, der das Netz im Topf hält und verhindert, dass die Pflanze oder die Blumenerde aus dem Topf fallen, wenn dieser umgedreht und aufgehängt wird.

Gegossen wird von der Unterseite des Topfes. Ein integrierter Speicher aus Ton versorgt die Pflanze kontinuierlich mit Wasser. Man erkennt ihn auf dem 1. Bild im noch unbepflanzten Topf. Aus dem Ton wird die Feuchtigkeit nach und nach an das Substrat und damit die Wurzeln abgegeben. Je nach Pflanze und Standort reicht der Vorrat bis zu 2 Wochen. beobachten Sie die Pflanze, dann bekommen Sie ein Gefühl dafür, wann gegossen werden muss. Geben Sie nach ein paar Wochen Flüssigdünger ins Gießwasser, sonst wächst die Pflanze nicht weiter.

Wandaufhängung

Nicht immer kann der Sky Planter an der Decke aufgehängt weden. Wer Angst hat, dass der Topf mit der Pflanze an einer abgehängten oder dünnen Altbaudecke nicht hält, kann das Gefäß an einer speziellen Wandhalterung aufhängen, die mit Schrauben an der Wand befestigt wird.

Epiphytenstämmchen

Materialliste

- Knorriger Ast, z. B. Weinrebe
- Schraubhaken
- Draht oder Kette zum Aufhängen
- Torfmoos (*Sphagnum*)
- Bindedraht für Bonsai aus Aluminium
- Kleine Orchideen, z. B. Mini-Phalaenopsis
- Kleine Bromelien, z. B. Tillandsien

In den dichten Regen- und Nebelwäldern der Tropen und Subtropen herrscht ein ständiger Kampf ums Licht. Viele Pflanzen zieht es vom dunklen Waldboden in große Höhen. Dazu gibt es zwei Strategien. Die erste trifft man auch in hiesigen Wäldern an: Kletterpflanzen. Sie wurzeln zwar im Boden, schicken ihre Triebe aber auf kürzestem Weg an den Stämmen empor in die Kronen der Bäume. Dabei halten sie sich

❊ Die Natur macht's vor: Epiphyten wie diese Bromelien besiedeln in feuchten Regen- und Nebelwäldern auch die senkrechten Stämme und Äste.

mit schlingenden Trieben oder Ranken fest. Manche wie Efeu und Trompetenblume haben spezielle Haftwurzeln, mit denen sie sich an der Unterlage fixieren. Eine weitere Möglichkeit haben Orchideen, Bromelien, Farne und zahlreiche andere Arten aus wärmeren Gefilden entwickelt. Sie wachsen direkt an den Stämmen und auf den Ästen. Sie wurzeln in feuchten Moospolstern oder direkt auf der blanken Rinde. Nebel, Tau und Regen sind die einzigen Quellen von Feuchtigkeit, für Nährstoffe sorgen verrottende Pflanzenteile, Staub, der aus der Luft gewaschen wird und Tierkot, der auf die Rinde fällt. Manche Bromelien bilden richtige Fangvorrichtungen für Wasser und Nährstoffe aus – in Form von Blatttrichtern oder feinen Saugschuppen auf den Blättern. Andere wie Orchideen können in den dicken Blättern und Wurzeln Wasser speichern und überstehen so Trockenperioden. Im Zimmer können Orchideen, Tillandsien und Bromelien an einem Epiphytenstamm wie in der Natur gepflegt werden.

① Drehen Sie den Schraubhaken in das obere Ende der Weinrebe. Die Rebe hat meist einen kleinen hohlen Kanal im Innern, deshalb brauchen Sie kein Loch vorbohren.

② Das trockene, gepresste Sphagnum-Moos wird in warmem Wasser eingeweicht.

③ Tauchen Sie die Orchidee mitsamt dem Topf in lauwarmes Wasser, bis sie sich richtig vollgesogen hat. Die Wurzeln lassen sich dann leichter aus dem Topf lösen. Trockene Wurzeln haften sehr fest an der Topfinnenwand und werden beim Austopfen fast immer beschädigt. Entfernen Sie das alte Substrat.

④ Das eingeweichte Moos wird wie ein Schwamm ausgedrückt und um die Wurzeln gewickelt. Suchen Sie einen passenden Platz an der Weinrebe, beispielsweise an einem Knick.

⑤ Fixieren Sie die Pflanze mit dem Draht so an der Astunterlage, dass sie fest sitzt und nicht wackelt. Der Aluminiumdraht ist weich und biegsam und bleibt von alleine in der gewünschten Form. Außerdem rostet er nicht.

⑥ Die Tillandsien werden ebenso befestigt, allerdings ohne Moosunterlage, denn sie nehmen die Feuchtigkeit über die Blätter auf. Sie bilden nur kurze Wurzeln, die lediglich der Verankerung auf der Unterlage dienen.

Zum Schluss wird der Ast an einem hellen West- oder Ostfenster aufgehängt. Die Pflanzen müssen regelmäßig besprüht oder in der Wanne überbraust werden. Gedüngt wird sparsam, mit speziellem Orchideen-Flüssigdünger.

TIPP

Epiphyten bekommen in der Natur nur Regenwasser, Nebel und Tau als Feuchtigkeitsquelle. Sie sind empfindlich gegen Kalk und zu viel Dünger im Wasser. Sprühen und tauchen Sie den Epiphytenstamm nur in Regenwasser oder entkalktes Wasser.
Normales Leitungswasser ist nur geeignet, wenn es weich bis sehr weich ist (Härtegrad 1 oder 2).

✽ Zur Bepflanzung von kleinen Epiphytenstämmchen eignen sich kleine Tillandsien und Miniatur-Orchideen wie Phalaenopsis aus der Table-Dance-Serie besonders gut.

Topfverkleidung mit Spalier

Materialliste

- Dickes Brett mit 2 Bohrungen, ca. 3 cm Durchmesser, als Halterung zum Flechten
- 10 dicke Haselnussruten, etwa doppelt so lang, wie der zu verhüllende Topf hoch ist
- 1 Haselnussrute als Abstandshalter
- Draht zum Fixieren
- Jede Menge dünne Weidenruten, frisch und biegsam. Getrocknete Ruten 24 Stunden in Wasser einweichen, bis sie weich und geschmeidig sind.
- Gartenschnur und -schere
- Metermaß oder Zollstock
- Hammer

🌸 Das rustikale Weidengeflecht passt schön zu den bäuerlichen Duftwicken.

Diese rustikale Topfverkleidung ersetzt einen Übertopf und kann in fast jeder Größe hergestellt werden. Der Pflanztopf wird dabei von fünf Weidenpaneelen eingefasst.

① Die Weidenpaneele sollen so breit sein, dass fünf um den Topf passen. Messen Sie mit einem Metermaß den Umfang des Topfes ab, um die Breite der Paneele ungefähr zu bestimmen. Dies ist der Abstand, indem die Haltebohrungen in das Brett gebohrt werden müssen. Stecken Sie zwei Ruten in die Löcher.

② Damit die oberen Enden nicht nach innen gebogen werden, wird ein dritter Stock als Abstandshalter provisorisch mit Draht zwischen den beiden befestigt. Dann können Sie die Weidenruten zwischen den Haselnussruten durchflechten (wie eine gelegte Acht), bis die gewünschte Höhe erreicht ist.

③ Schneiden Sie einen der beiden senkrechten Stäbe mit der Gartenschere ab und ziehen sie das Paneel vorsichtig aus der Halterung.

④ Wenn alle Paneele fertig sind, werden sie um den Pflanztopf gestellt und oben und unten mit Schnur oder Draht aneinander befestigt. Die überstehenden Ruten können zum Schluss wie ein Tipi an den Spitzen mit Schnur zusammengebunden werden. Sie dienen dann als Rankgerüst für Duftwicken, Schwarzäugige Susanne und Co. Sie können die langen Haselnussruten natürlich auch komplett abschneiden, wenn Sie keine Schlingpflanzen einsetzen möchten.

Mini-Teich im Topf

Auf der Terrasse oder dem Balkon gestaltet sich die Anlage eins Teichs naturgemäß schwierig und gerade auf dem Balkon ist das Aufstellen eines größeren Wasserbeckens problematisch – schließlich darf aus statischen Gründen die Belastung des Balkonbodens in der Regel nicht höher als 150 kg/m2 betragen. Ein Gefäß, bestückt mit kleiner Seerose und verschiedenen Sumpf- und Wasserpflanzen, ist die Lösung.

oder im Garten vermehren. Eine einfache Bekämpfung ist mit Bacillus-thuringiensis-Präparaten möglich, die im Gartencenter angeboten werden. Sollten sich doch einmal ein paar zuckende Larven im Wasser zeigen, können Sie mit einem Tropfen Öko-Spülmittel die Oberflächenspannung des Wassers zerstören und die Mückenlarven können zum Atmen nicht mehr an die Oberfläche kommen.

Mücken

Stechmücken legen ihre Eier in kleine, stehende Gewässer ab, können sich also auch in mit Wasser gefüllten Gefäßen auf Balkon, Terrasse

Algen

Algen treten dann auf, wenn das Wasser zu viele Nährstoffe enthält. Verwenden Sie nur spezielles Teichpflanzensubstrat. Normale Blumenerde enthält Dünger, die nicht nur die Pflanzen, sondern auch die Algen zum Wachsen bringen. Treten Algen auf, hilft nur das Entfernen der Algen und ein Austausch eines Teils des Wassers. Füllen Sie eine etwa 5 cm hohe Schicht

● Glasierte, wasserdichte Keramikgefäße sind ideal zum Anlegen eines Mini-Wassergartens.

Materialliste

- Wasserdichtes Pflanzgefäß, z. B. glasierter Tontopf
- Gewaschener Kies oder grober Sand
- verschiedene Wasser- und Sumpfpflanzen, Zwerg-Seerose

Zeitbedarf

- 15–20 Minuten

Extras

- lehmige Wasserpflanzenerde

gewaschenen Aquarienkies oder -sand in das Gefäß. Der Kies sollte nicht zu grob sein. Eine Körnung von 1–10 mm ist ideal. Feinerer Sand trübt das Wasser unnötig und bei zu groben Kieseln setzt sich viel Mulm in den Zwischenräumen fest.

① Ziehen Sie den Topf der Sumpfpflanzen vorsichtig vom Wurzelballen ab. Am einfachsten geht das, wenn Sie den Topf mit den Fingern seitlich etwas eindrücken. Die Pflanze wird dann mit dem Ballen auf die Kiesfläche gestellt. Sollten sich an der Oberseite der Erde im Topf Algen, Moose oder Lebermoose angesiedelt haben, entfernen Sie diese. Sie würden später unter Wasser nur faulen.

Wenn die Pflanzen in einem torfigen Substrat (z. B. also normale Blumenerde) angezogen wurden, ist es besser, den Wurzelballen unter fließendem Wasser auszuspülen. Die Erde sollte sich in jedem Fall tonig- oder lehmig anfühlen. Pflanzerde, die viel organisches Material (Humus) enthält, fängt unter Wasser an zu faulen – der Mini-Teich beginnt zu stinken, und das Wasser wird trüb.

② Die Zwergseerose kommt in die Mitte des Gefäßes und kann in ihrem Gitter-Topf bleiben. Die kleinen Blätter sind sehr zart und brechen leicht ab – vorsichtiges Hantieren ist also angesagt. Beschädigte Blätter oder abgeknickte Stängel sollten Sie gleich mit den Fingernägeln abknipsen, damit sie beim Verrotten das Wasser nicht belasten. Achten Sie darauf, dass sich keine Wasserlinsen (Entengrütze) mehr an den Pflanzen befinden – man wird sie kaum oder nur mit viel Absammelei wieder los.

③ Wenn alle Sumpfpflanzen und die Seerose eingepflanzt sind, kommt eine etwa 2 cm dicke Kiesschicht als Abdeckung auf die Ballen. Auch Lücken zwischen den Ballen werden mit Kies aufgefüllt. Diese Kiesschicht verhindert, dass das tonige Pflanzsubstrat beim Befüllen mit Wasser aufgeschwämmt wird und zu Trübungen führt. Außerdem wird die Standfestigkeit des Topfes zusätzlich erhöht.

④ Das Befüllen geht am besten mit einem Schlauch mit Brauskopfaufsatz. Alternativ kann man den Strahl auch mit den Fingern bremsen oder das Wasser über einen kleinen Unterteller laufen lassen, damit der Kies nicht aufgewühlt wird. Beachten Sie, dass das Gefäß mit dem Kies und dem Wasser doch einiges an Gewicht auf die Waage bringt. Bei großen Gefäßen, die mehr als 10 L Volumen haben, sollten Sie den Mini-Teich vor dem Befüllen an seinen zukünftigen Standort stellen. Ein bis zum Rand mit Wasser gefüllter Topf, der durch den Bodengrund aus Kies noch schwerer ist, lässt sich nicht so leicht tragen.

⑤ Zum Schluss kommen noch ein paar schwimmende Wasserpflanzen in das Gefäß. Besonders hübsch wird die Pflanzengesellschaft, wenn Sie unterschiedliche Blattformen und -farben miteinander kombinieren. In diesem Topf wurde eine Sumpf-Iris mit hellgrünen, linealischen Blättern, eine weiß blühende Zwerg-Seerose mit dunkelgrünen, runden Blättern und die Wasserfeder als Schwimmpflanze gewählt. Wasserfedern haben zartes, filigranes Laub und bilden im Sommer elegante, weiße Blüten, die hoch über der Wasseroberfläche thronen.

✱ Auf der Terrasse sollte das bepflanzte Gefäß mit der Seerose und den Sumpf- und Wasserpflanzen an einem sonnigen Platz aufgestellt werden.

Farbiges Rankgerüst

Materialliste

- Schnellzement
- Gießkanne und Wasser
- Alter Plastikeimer
- Handschaufel oder Mörtelkelle
- Handschuhe
- Schnur
- Übertopf
- Bunte Stangen (Äste, Bambus o. Ä.)
- Kletterpflanze, z. B. Falscher Jasmin

Kletterpflanzen in Kübeln zu halten kann manchmal eine ganz schöne Herausforderung sein. Durch den hohen, schlanken Wuchs wird

✸ Schnellzement, Wasser, einen Eimer und bunte Stangen – mehr brauchen Sie nicht.

die Pflanze trotz Topf schnell kopflastig und kann bei Wind oder beim Vorbeigehen, wenn man an den Trieben hängen bleibt, umkippen.

Mit dem hier vorgestellten Projekt kann das nicht so schnell passieren. Durch das Gewicht des Zements, der die Stangen zusammenhält, steht der Topf wesentlich stabiler und es ist schon ein ganz schön kräftiger Windstoß notwendig, um Topf und Pflanze umzukippen.

Geeignete Stangen

Als Kletter- oder Rankhilfe eignen sich im Prinzip alle Äste oder Bambusstangen. Wichtig ist, dass sie vor dem Einbauen gut durchgetrocknet sind und mit einem ungiftigen Holzschutzmittel behandelt bzw. mit einer Holzfarbe angestrichen wurden. Unbehandelt beginnt das Holz in der feuchten Topferde schnell zu verrotten und wird morsch. Selbst robuste Eichenäste halten kaum länger als eine Saison. Andererseits ist es auch nicht schlimm, ein solches Gerüst jedes Jahr im Frühjahr neu zu bauen, denn länger als eine gute Stunde und die Abbindezeit des Zements über Nacht brauchen Sie nicht. So können Sie Ihrem Balkon oder der Terrasse jedes Jahr ein neues Farbthema geben: orange mit Schwarzäugiger Susanne, rot wie hier gezeigt mit einer Mandevilla, pink mit Prunkwinde oder rosa oder weiß mit Duftwicken. Statt gerader Stangen wie Bambus oder Haselnussruten und dergleichen können Sie auch verzweigte Äste einzementieren. Dabei müssen Sie jedoch beachten, dass das Rankgerüst nicht zu ausladend wird, denn sonst geht der Vorteil der Standfestigkeit schnell verloren und die Konstruktion kippelt.

Hinweis

Tragen Sie beim Arbeiten mit Zement Handschuhe, da er die Haut reizt. Zementspritzer sollten sofort mit einem feuchten Lappen oder Schwamm aufgewischt werden, da sie sich kaum noch vom Untergrund entfernen lassen, wenn sie getrocknet sind.

① Gießen Sie die Menge Wasser in den Eimer, die Sie benötigen, um eine Zementmenge anzumischen, die der Hälfte des Eimervolumens entspricht (also ca. 2,5 l Wasser in einem 5-l-Eimer). Die Menge variiert je nach Zementmischung, die genauen Angaben stehen immer auf der Packung.

② Mischen Sie die Schnellzementmasse mit der Kelle in das Wasser, bis sich eine gleichmäßige, klumpenfreie Masse gebildet hat. Ist der Mörtel zu flüssig, können Sie vorsichtig noch etwas Zementpulver hinzufügen bzw. Wasser hineingießen, wenn die Masse zu fest ist.

③ Jetzt muss es schnell gehen, denn der Zement heißt nicht umsonst »Schnellzement«. Stellen Sie die im unteren Drittel zusammengebundenen Stangen in den Eimer. Die Schnur verhindert, dass die Stangen beim Abbinden des Zements verrutschen. Achten Sie darauf, dass sie möglichst senkrecht stehen, und halten Sie die Stangen eine Zeit lang in Position, bis die Mörtelmasse im Eimer fest geworden ist. Wenn der Mörtel fest ist (mit dem Finger prüfen), über Nacht komplett aushärten lassen.

④ Am nächsten Tag können Sie die Stangen mitsamt ihrem »Fundament« aus dem Eimer ziehen. Wenn sich der Zement nicht gleich löst, einfach den Eimer hin und her biegen oder gleich ganz aufschneiden.

⑤ Die Stangen kommen nun in das Pflanzgefäß. Legen Sie ggf. ein paar flache Ziegelstücke o. Ä. auf den Topfboden, damit das oder die Wasserabzugslöcher nicht von dem Zementblock abgedeckt werden.

⑥ Anschließend kommt die Blumenerde in den Topf. Füllen Sie sie nach und nach ein und drücken Sie sie immer wieder fest an, damit der Zementblock gerade stehen bleibt und nicht wackelt. Zum Schluss wird der Kübel mit einer Kletterpflanze sowie Sommerblumen oder Stauden unterpflanzt. Gut angießen und die ersten Tage geschützt aufstellen, bis die Pflanzen eingewurzelt sind. Die Rankpflanze bei Bedarf mit Schnur an den Stangen emporleiten, bis sie sich selbst festhalten kann.

TIPP

Statt mit Blumen können Sie den Topf auch mit Gemüse bepflanzen: Eine schlingende Feuer- oder Stangenbohne, mit buntblättrigem Mangold, Salat, Bohnenkraut oder Roter Bete unterpflanzt, sieht klasse aus. Oder wie wäre es mit einer Tomate, zu deren Füßen Kohlrabi, Mangold, Staudensellerie, Basilikum oder Kapuzinerkresse mit ihren gelben, roten und orangefarbenen Blüten wachsen.

✳ Besonders schön sieht eine Ton-in-Ton-Bepflanzung aus. Hier klettert ein Falscher Jasmin *(Mandevilla)* 'Rio Red' an den Stangen empor, die Unterpflanzung besteht aus Pelargonien und Sumpfgarbe *(Achillea ptarmica* 'Gypsy White').

Adressen, die Ihnen weiterhelfen

Internet

- www.markt.de
- kleinanzeigen.ebay.de
- www.quoka.de
- www.dhd24.com
- www.ebay.de
- www.kalaydo.de

Inspiration

- www.dawanda.com
- www.deavita.com
- www.handimania.com
- www.pinterest.com

Balkon & Gartenbedarf

AFP Marketing GmbH
Raiffeisenstraße 38
27239 Twistringen
www.balkonerlebnis.de

Dehner GmbH & Co. KG
Donauwörther Straße 3-5
86641 Rain am Lech
www.dehner.de

Gärtner Pötschke GmbH
Beuthern Straße 4
41564 Kaarst
www.poetschke.de

Gartenzauber
Hof Bissenbrook
24623 Großenaspe
www.gartenzauber.com

plantu
Rotherstraße 18
10245 Berlin
www.plantu.de

Gemüsesaatgut

Bioland Hof Jeebel
Jeebel 17
29410 Salzwedel OT Jeebel
www.biogartenversand.de

Dreschflegel GbR
In der Aue 31 37213 Witzenhausen
www.dreschflegel-saatgut.de

Bingenheimer Saatgut AG
Kronstraße 24
61209 Echzell-Bingenheim
www.bingenheimersaatgut.de

Gärtnerei Dieter Haas
Obere Leberklinge 26
97877 Wertheim
www.bioland-gaertnerei-haas.de

Kräuter Rühlemanns Kräuter & Duftpflanzen

Auf dem Berg 2

27367 Horstedt

www.kraeuter-und-duftpflanzen.de

herbs Bioland Gärtnerei & Pflanzenversand

Herbert Vinken

Stedinger Weg 16

27801 Dötlingen OT Nuttel

www.herb-s.de

Syringa Duftpflanzen & Kräuter

Bachstraße 7

78247 Binningen

www.syringa-pflanzen.de

Staudengärtnerei Gaißmayer

Jungviehweide 3

89257 Illertissen

www.gaissmayer.de

Outdoorteppiche

Design 3000

Robert-Bosch-Straße 14

64711 Erbach

www.design-3000.de

Butlers GmbH & Co. KG

Hohenzollernring 16-18

50672 Köln

www.butlers.de

Pappelina AB

Krontallsvägen 26

791 55 Falun, Schweden

Händlersuche in Deutschland über

www.pappelina.com

Strohballen

- www.markt.de
- kleinanzeigen.ebay.de
- www.quoka.de
- www.dhd24.com
- www.heu-stroh-boerse.de
- www.landwirt.com
- www.landtreff.de

Stichwortverzeichnis

Über den Autor

Dr. Folko Kullmann hat in Freising-Weihenstephan Gartenbauwissenschaften mit Schwerpunkt Pflanzenbau studiert und an der Technischen Universität München promoviert. Nach Stationen in Europas größter Baumschule und im Botanischen Garten Kew, London, sowie einem Volontariat bei einem Stuttgarter Ratgeberverlag lebt er seit 2004 seine grüne Passion nicht nur im Garten und auf dem eigenen Balkon aus, sondern auch als Buchautor und Gartenjournalist, Lektor und Übersetzer von Gartenbüchern. Seit 2008 betreibt er mit seinem Partner ein auf Gartenbücher und -magazine spezialisiertes Redaktionsbüro in Stuttgart.

Impressum

Bibliografische Information der Deutschen Nationalbibliothek

Die Deutsche Nationalbibliothek verzeichnet diese Publikation in der Deutschen Nationalbibliografie; detaillierte bibliografische Daten sind im Internet über http://dnb.d-nb.de abrufbar.

Neuausgabe (Sammelband mit ausgewählten Projekten aus »Garten-Projekte, »Balkon-Projekte« und »Vertical Gardening«)

BLV Buchverlag GmbH & Co. KG

80636 München

© 2017 BLV Buchverlag GmbH & Co. KG, München

Umschlagkonzeption und Gestaltung: BLV Verlag

Umschlagfotos: Shutterstock (vorne), Kristijan Matic (hinten links und rechts)

Lektorat: Kullmann & Partner GbR, Judith Starck, Elena Gabler (Neuausgabe)
Herstellung: Hermann Maxant
DTP: Kristijan Matic, Stuttgart

Gedruckt auf chlorfrei gebleichtem Papier

Printed in Slovakia

ISBN 978-3-8354-1645-1

Hinweis

Das vorliegende Buch wurde sorgfältig erarbeitet. Dennoch erfolgen alle Angaben ohne Gewähr. Weder Autoren noch Verlag können für eventuelle Nachteile oder Schäden, die aus den im Buch vorgestellten Informationen resultieren, eine Haftung übernehmen.

f www.facebook.com/blvVerlag